왜? 하고 물으면 과학이 답해요

화학

왜? 하고 물으면 과학이 답해요 - 화학

지은이	정성욱, 이재아
그린이	김다예
펴낸이	정규도
펴낸곳	(주)다락원

초판 1쇄 발행 2018년 5월 25일
　 3쇄 발행 2022년 5월 30일

편집총괄	최운선
책임편집	박소영
디자인	(주)윤주파트너스

다락원 경기도 파주시 문발로 211
내용문의 (02) 736-2031 내선 275
구입문의 (02) 736-2031 내선 250~252
Fax (02) 732-2037
출판등록 1977년 9월 16일 제406-2008-000007호

Copyright ⓒ 2018, 정성욱·이재아

- 저자 및 출판사의 허락 없이 이 책의 일부 또는 전부를 무단 복제·전재·발췌할 수 없습니다.
- 구입 후 철회는 회사 내규에 부합하는 경우에 가능하므로 구입문의처에 문의하시기 바랍니다.
- 분실·파손 등에 따른 소비자 피해에 대해서는 공정거래위원회에서 고시한 소비자 분쟁 해결 기준에 따라 보상 가능합니다. 잘못된 책은 바꿔 드립니다.

값 12,000원
ISBN 978-89-277-4707-9 77430

http://www.darakwon.co.kr
다락원 홈페이지를 통해 인터넷 주문을 하시면 자세한 정보와 함께 다양한 혜택을 받으실 수 있습니다.

왜? 하고 물으면 과학이 답해요

화학

정성욱·이재아 지음 | 김다예 그림

다락원

> **머리말**
언제나, 어디서나 만나는 과학

무더운 여름날, 소나기가 한바탕 지나가면 시원해져요. 왜 그럴까요?
탄산음료 병과 생수병 모양은 같을까요, 다를까요? 만약 다르다면 왜 그럴까요?
산불을 끌 때 맞불을 놓아 산불을 끄는 경우가 있어요. 불을 끄기 위해 불을 피운다니?
그래도 되나요?

우리는 매일 아침 눈뜨고 숨 쉬고 밥을 먹어요. 당연한 일상생활이고 무심코 하는
행동이지만, 이런 일들조차 질문을 던져 보면 그 속에 놀라운 과학 원리와 개념이
숨어 있는 것을 발견할 수 있어요.
우리 가까이에 있는 사소한 것에서부터 질문하며 다가가다 보면 과학이
훨씬 쉬워져요. 또 재미나게 과학 개념과 내용을 알 수 있어요.

달걀, 물, 소금, 식초, 냉장고!
어느 집에서나 쉽게 볼 수 있는 것들이지요? 요리하느냐고요?
요리도 하고, 어디서나 쉽게 구할 수 있는 것으로 간단한 과학 실험도 합니다.
그것도 쉽고 재미나고 흥미롭게 말이에요. 부엌이, 내 방이 실험실이 되는 거지요.

예를 들어 볼까요?

달걀을 물이 든 컵에 넣고 소금을 조금씩 넣어 봐요.

가라앉아 있던 달걀이 위로 둥둥 떠 오른답니다.

왜 그럴까요?

이 책을 조금만 읽어 보면 금방 알 수 있는데, 살짝 귀띔해 줄게요.

바로 '농도'와 '밀도'랑 관련 있어요.

간단한 실험으로 물질이 가라앉고 뜨는 이유와 원리를 알 수 있지요.

아! 메추라기 알을 사용하면 더 적은 물과 소금으로 더 빨리 같은 실험을 할 수 있어요.

왜? 하고 물으면 과학이 답해요 - 화학은 생활 가까이에서 일어나는 사소한 것들에 대해 흥미로운 질문을 던지고, 간단한 실험을 하여 재미있고 쉽게 과학과 만나게 하였습니다. 초등학교 3~6학년 과학 중 물질 부분의 내용을 기본으로 하였으며, 좀 더 생각의 폭을 넓힐 필요가 있는 부분에서는 중학교 과정의 내용도 조금 포함하였답니다.

이 책을 읽고 과학과 친해지길 바랍니다.

2018년 5월

정성욱, 이재아

궁금한 과학을 발견하는 방법

화학이 어렵다고?
우리 주변에 숨어 있는
화학 원리로
진짜 쉽게 배우자!

초·중등 교과 단원 연계로
화학 개념을 한눈에 파악해요.
학년에 상관없이 주제별로
다루어서 중학생이 되어도
과학 자신감 쑥쑥!

보너스 코너! 일상에서
쉽게 할 수 있는 **실험**이
곳곳에 담겨 있어요! 집에서도
요리조리 실험해 봐요.

화학 원리를 **인포그래픽**과 다양한 **삽화**로 설명해 주어 지루할 틈이 없어요!

호기심과 상상력을 자극하는 재미난 **미니퀴즈**로 궁금증은 더하고, 화학 상식은 늘리고!

중요한 내용은 **밑줄 쫙!** 한 번 더 강조했어요.

핵심만 정리한 **키노트**로 낯선 화학 개념과 친해지기!

차례

1	부러지지 않는 야구 방망이를 찾아라!	물질의 성질과 쓰임새	10
2	코딱지와 눈곱, 귀지의 정체를 알려 줄게!	원소	14
3	커다란 과자 봉지 속에 과자는 요만큼?	원소의 성질	18
4	연필심으로 다이아몬드를 만들고 싶어!	원자와 분자	24
5	시원한 수박화채가 좋아!	물질의 세 가지 상태	28
6	커다란 통나무가 강에 둥둥 뜨는 이유는?	밀도	34
7	맛있는 오이 피클에는 달콤한 설탕물이 필요해!	용해	40
8	수영장에 오래 있으면 왜 손가락이 쭈글쭈글해질까?	농도와 삼투 현상	46
9	마요네즈가 설거지를 망쳤어!	순물질, 혼합물, 화합물	52
10	밥에서 모래가 씹혀!	크기, 밀도 등을 이용한 혼합물 분리	58
11	소금을 되찾을 수 있을까?	용해도를 이용한 혼합물 분리	62
12	석유가 변신한다고?	끓는점을 이용한 혼합물 분리	66
13	금지된 약물은 NO!	크로마토그래피	70
14	녹이고 굳히고, 예쁜 초콜릿 만들기!	물질의 상태 변화	74
15	웅덩이의 물은 어디로 갔을까?	증발과 끓음	78

16	이글루 안에 물을 뿌리면 더 따뜻해진다고? 상태 변화와 에너지	82
17	책이 젖으면 얼리라고? 물의 부피 변화	86
18	빙판길을 없애라! 혼합물의 어는점	90
19	왜 여름에도 부동액을 쓰지? 혼합물의 끓는점	96
20	탄산음료와 생수의 페트병은 같을까 다를까? 기체의 용해도	100
21	양파를 썰 때 왜 눈물이 날까? 기체의 확산	104
22	삶은 달걀 껍데기가 깨지는 이유는? 샤를의 법칙	108
23	즐거운 물놀이가 기체 덕분이라고? 보일의 법칙	114
24	제비꽃 꽃잎의 색깔이 왜 변했을까? 지시약	118
25	김밥을 알루미늄 포일에 싸면 안 좋다고? 산의 성질	124
26	실크 스카프에 무슨 일이? 염기의 성질	128
27	식초가 비린내를 사라지게 해! 중화 반응	134
28	모닥불을 빨리 피우고 싶어! 연소	138
29	불을 끄기 위해 불을 피운다고? 소화	142
30	물질의 상태는 고체, 액체, 기체뿐일까? 물질의 상태	146
•	친절한 화학 용어 사전	150

부러지지 않는 야구 방망이를 찾아라!

초3 물질의 성질
물체와 물질, 물질의 성질과 쓰임새

오랜만에 아빠와 운동장에서 야구 시합을 했어. 신이 난 아빠가 야구 방망이를 힘껏 휘두르셨지. 그런데 아뿔싸, 내 귀중한 보물 1호인 야구 방망이가 부러져 버렸어! 당황한 아빠는 어쩔 줄을 몰라 하셨고, 나는 순간 화가 머리끝까지 났어. 이럴 때 아빠가 할 수 있는 말은 딱 하나! "미안! 아빠가 다시 사 줄게." 아빠는 나무로 만든 야구 방망이라서 부러졌다며, 이번에는 잘 부러지지 않는 재료로 된 야구 방망이를 사 주겠다고 약속하셨어. 어떤 야구 방망이일까?

나무로 만든 야구 방망이, 플라스틱으로 만든 장난감, 유리로 만든 유리컵, 종이로 만든 동화책 등 우리 주위를 둘러보면 여러 가지 물건이 다양한 재료로 이루어져 있다는 것을 쉽게 알 수 있어. 야구 방망이처럼 모양이 있고 공간을 차지하고 있는 물건을 **물체**라고 하고, 야구 방망이를 만드는 재료인 나무를 **물질**이라고 해. 나무, 플라스틱, 유리, 종이와 같은 다양한 물질이 갖가지 물체를 이루고 있지.

난 개성 만점 돌멩이야.

울퉁불퉁, 딱딱하고 휘어지지 않지만 깨어진다네.

물질은 각각 자신만의 고유한 성질을 지니고 있어

물질마다 색깔, 냄새, 맛, 단단하기, 휘어지기, 탄력성 등이 달라. 이런 성질들은 눈으로 보거나 코로 냄새 맡거나 손으로 만져서 알 수 있어. 이렇게 사람의 감각으로 구별되는 특징을 겉보기 성질이라고 해. 겉보기 성질의 차이로 물질을 구별할 수 있어.

쉽게 깨지는 유리로 야구 방망이를 만들지 않아. 야구 방망이는 손으로 잡기 쉽고, 날아오는 야구공을 칠 수 있는 단단한 재료로 만들어야 하지. 이렇게 물질이 지닌 독특한 성질을 알맞게 이용하면, 각각의 쓰임새에 잘 맞는 물체를 만들 수 있어.

나무
부드럽고 무늬가 있어. 물에 뜨고, 불에 잘 타. 열을 느리게 전달해.

유리
투명하고 단단하지만, 잘 깨져.

철
단단하고 잘 깨지지 않아. 매끄럽고, 열과 전기가 잘 통하고, 자석에 달라붙어.

플라스틱
매끄럽고 가벼워. 물에 젖지 않고, 전기가 통하지 못해. 열도 천천히 전달해.

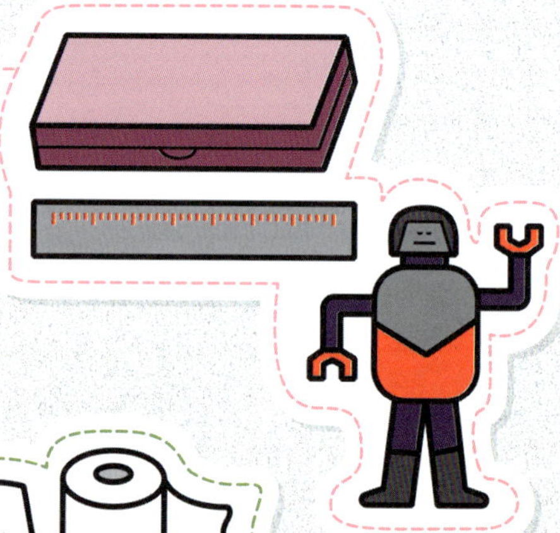

고무
말랑말랑하고 잘 구부러져. 본래의 형태로 돌아가려는 힘인 탄력이 있어.

종이
가볍고 잘 찢어지며 불에 잘 타. 물이나 잉크 등 액체를 잘 흡수해.

드디어 아빠가 알루미늄으로 된 야구 방망이를 사 오셨어. 알루미늄 야구 방망이는 나무 야구 방망이보다 튼튼하고, 가벼워서 더 멀리 공을 칠 수 있다고 큰소리를 치셨지. 마음에 쏙 드는걸! 야구 방망이는 한 종류이지만, 나무, 알루미늄, 플라스틱 등 다양한 물질로 만들어. 물을 마시는 컵도 유리, 쇠, 플라스틱, 종이 등 여러 물질로 만들지. 이렇게 물체는 쓰임새가 같아도 다른 물질로 만들기도 해. 물질의 성질에 따라 물체를 사용할 때의 장단점도 다르기 때문이야.

잘 깨지니 조심해! 투명해서 주스를 담으면 예쁜 색이 잘 보여.

찬물을 마실 때 써. 뜨거운 물은 손을 델 수 있으니 조심해! 뜨거운 열탕에 소독해도 깨지지 않아.

가볍고 잘 깨지지 않아서 아이들이 쓰기 좋아.

한 번 사용하고 버리는 일회용 컵이야. 환경을 위해 사용을 줄이자.

키노트
물체를 만드는 재료를 물질이라고 해. 물질은 각각 고유한 성질을 지니고 있어서 물체의 성질이 달라지게 하지. 물질이 지닌 고유한 성질을 잘 알면 쓰임새에 알맞은 물체를 만들 수 있어.

미니퀴즈 궁금증 더하기

물에 젖지 않는 옷을 만들 수 있을까?

우르르 쾅쾅! 갑자기 하늘에서 세찬 비가 내려. 새로 산 옷이 홀딱 젖을 것 같아. 옷에 방수 처리라도 하고 밖에 나가야 하나? 젖지 않는 옷을 만들 방법을 생각해 보자!

01 낑낑, 옷에 초를 칠해 봐!

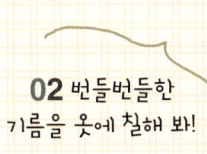

02 번들번들한 기름을 옷에 칠해 봐!

땡!! 미련하군! 물질의 성질을 연구하는 요즈음 과학을 알려 줄게.

03 연잎의 구조를 본떠서 옷을 만들어 봐! 연잎은 수많은 작은 돌기가 있어서 물방울을 튕겨 내. 이 구조를 이용하면 옷이 물에 젖지 않지.

04 질긴 거미줄로 젖지 않는 옷을 만들어 봐! 거미줄은 빗물에 젖지 않고, 게다가 튼튼해. 가늘어서 연약해 보이지만, 많이 모아 굵게 만들면 강철보다 5배나 더 강해.

초3 물질의 성질
원소

코딱지와 눈곱, 귀지의 정체를 알려 줄게!

"어휴, 이게 무슨 냄새지?"
"어머, 너 얼굴이 왜 그래?"
냄새나고 지저분하다고 친구들이 코를 막고 나를 슬슬 피해. 이틀 동안 세수를 안 했거든. 사실 난 지금 위대한 과학 실험을 준비하는 중이야. 코딱지와 눈곱, 귀지를 이루는 성분이 무엇인지 알아보려고 모으고 있어. 우리 몸에 달라붙어 있는 이것들은 도대체 무엇으로 만들어진 걸까?

음, 믹서로 갈아 볼까? 보글보글 끓여 볼까? 불에 태워 볼까? 잘게 부수면 성분의 비밀이 밝혀지지 않을까?

코딱지와 눈곱, 귀지가 더럽다고?

코딱지, 눈곱, 귀지는 먼지나 세균이 몸 안으로 들어오지 못하도록 막아 주는 착한 물질들이야. 모두 우리 몸에서 나온 몸의 일부분이기도 해. 우리 몸이 무엇으로 이루어졌는지 알아보면 이들의 정체도 밝힐 수 있지. 우리 몸뿐만이 아니라 지구를 둘러싼 공기, 예쁜 꽃, 산과 바다, 음식과 다양한 물건 등 세상에 있는 모든 것은 물질로 이루어져 있어. 그런데 수많은 물질을 이루는 더 기본적인 것이 있대. 과연 무엇일까?

아주 먼 옛날, 고대 그리스 학자들은 하늘과 땅과 바다가 있고 생명체가 살아가는 이 세상의 정체가 궁금했어. 그래서 이 세상이 무엇으로 이루어졌는지 탐구했지.

그리스 학자들은 하늘이나 흙, 물, 불, 공기가 지구의 모든 것을 이룬다고 생각했어. 물질을 이루는 기본적인 구성 성분을 **원소**라고 하는데, 그리스 학자들은 물, 불을 원소라고 본 거지. 하지만 그 후 여러 사람이 연구하여 진짜 원소들을 찾아냈어. 매일 마시는 물을 살펴볼까? 물을 분해하면 산소와 수소로 나누어지고, 산소와 수소는 더 분해되지 않아. 물은 산소와 수소라는 2가지 원소로 이루어진 셈이지.

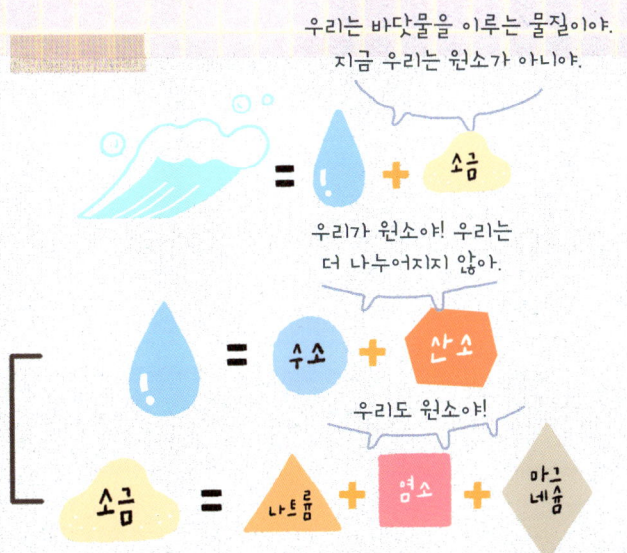

사람의 몸도 원소로 이루어졌을까?

이제 살짝 눈치챘지? 이 세상이 원소로 만들어진 것처럼 우리 몸을 구성하는 물질도 원소로 이루어졌어. 사람의 뼈와 피, 살, 코딱지, 눈곱, 귀지를 이루는 물질의 성분은 모두 원소야! 그렇다면 우리 몸은 어떤 원소로 구성된 걸까?

사람의 몸은 산소, 탄소, 수소, 질소, 칼슘, 인, 칼륨, 황, 나트륨, 마그네슘, 염소, 철, 아연, 구리 등 25가지 원소로 구성되어 있어. 이 중에서 산소, 탄소, 수소, 질소는 우리 몸 질량의 대부분인 약 96%를 차지한다고 해. 특히 산소는 65%를 차지해. 우리 몸을 이루는 원소 중에서 산소의 질량이 가장 무거워. 우리 몸을 이루는 기본 원소가 화학 성분이라니 놀랍지? 이런 원소들이 여러 가지 방법으로 결합해서 사람의 뼈, 피, 살, 코딱지, 눈곱, 귀지를 이루는 거야.

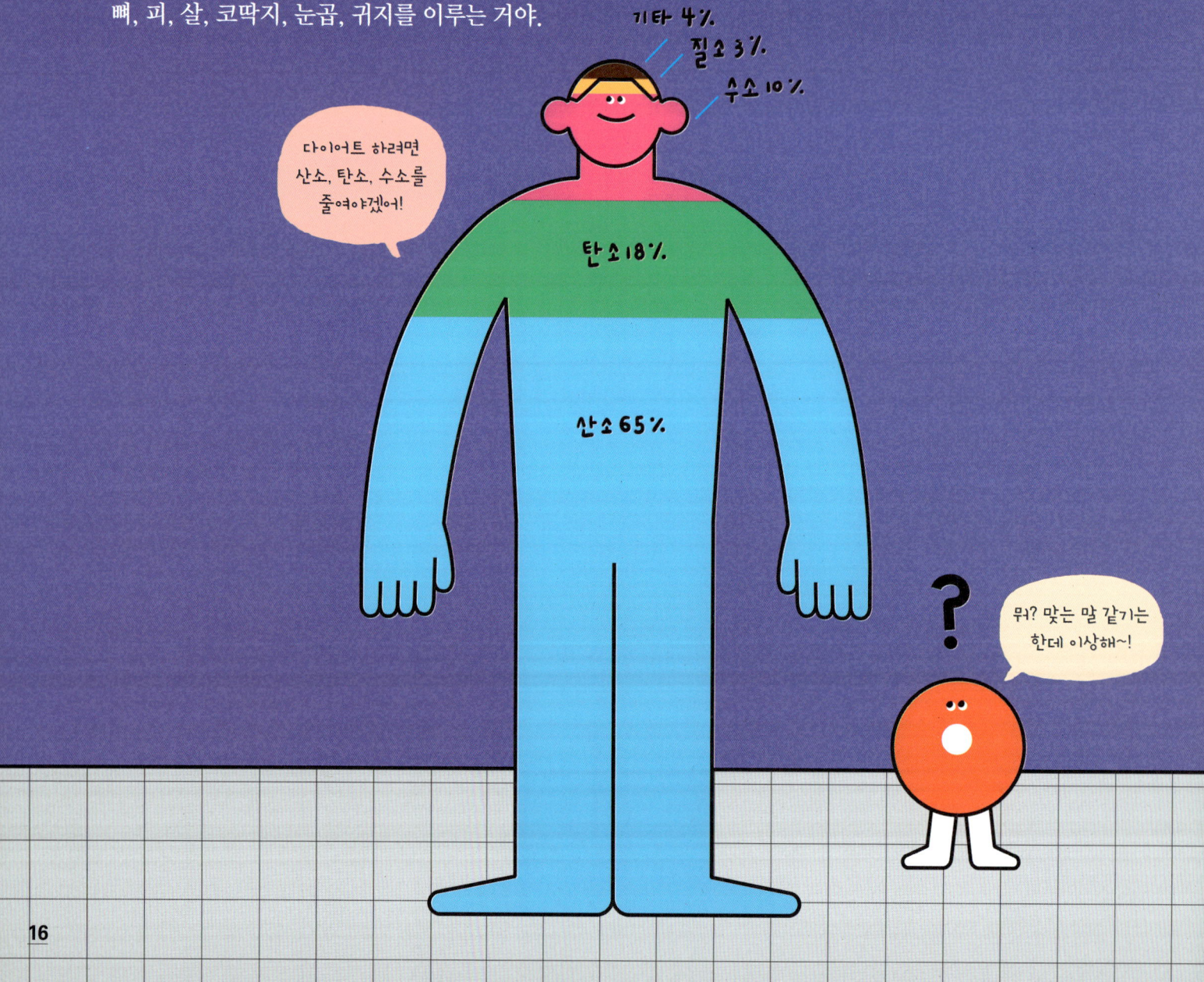

사람의 몸을 이루는 원소가 25가지 정도라면 세상에 있는 모든 물질을 이루는 원소는 얼마나 많을까?

물질을 이루는 원소는 118가지야. 이 원소 중에서 자연에서 발견된 원소는 92가지이고, 나머지는 사람이 인공적으로 만들어 냈어. 플루토늄이나 아인슈타이늄 같은 원소가 바로 만들어진 원소야. 세상을 이루는 기본 성분이 생각보다는 적다고? 더 놀라운 것은 산소, 탄소, 수소, 질소, 철 같은 20가지 정도의 원소가 대부분의 물질을 이루고 있다는 사실이지. 생명체와 지구의 땅과 모든 물건을 만드는 원소가 118가지 정도밖에 없다니 신기한 일이야!

 **키노트**
모든 물질을 이루는 기본 구성 성분을 원소라고 해. 지금까지 발견된 원소는 118가지야. 지구의 모든 것은 이 118가지의 원소로 이루어졌어.

미니퀴즈 궁금증 더하기

사람을 만들려면 몇 kg의 원소가 필요할까?

프랑켄슈타인 박사는 사람을 만들기 위해 사람이나 동물의 사체를 사용했어. 하지만 요즈음이라면 원소를 사용하겠지? 몸무게가 60kg인 사람을 만들려면 각 원소가 몇 kg이 필요할까?

몸무게가 60kg인 사람을 만드는 데 필요한 산소의 양을 알아보자. 사람 몸의 질량에서 산소 원소는 65%를 차지해. 60kg 곱하기 65%(0.65)로 계산하면 39kg의 산소가 필요한 걸 알 수 있어. 이제 친구들이 계산해 봐. 산소, 탄소, 수소, 질소, 기타의 순서대로 39kg, 10.8kg, 6kg, 1.8kg, 2.4kg이 필요해. 하지만 원소만 있다고 해서 사람을 만들 수 있을까? 재료만 있고 만드는 방법은 없어. 아직은 불가능한 상상일 뿐이야!

커다란 과자 봉지 속에 과자는 요만큼?

> 초3 **물질의 성질**
> 원소
>
> 초6 **여러 가지 기체**
> 여러 가지 원소의 성질

꼬르륵, 밥을 먹은 지 얼마 안 됐는데 벌써 출출한걸? 편의점에서 맛있는 과자를 사 먹기로 했지. 수많은 과자 중에서 눈길을 끄는 건 딱 하나! 봉지가 제일 불룩한 과자를 골라 설레는 마음으로 봉지를 열었어. 헉, 봉지 안에 과자가 가득 들어 있던 게 아니었어! 과자는 겨우 반만 들었지 뭐야. 순식간에 다 먹어 치우고 나니 어쩐지 억울하고 속은 느낌이야. 과자를 조금만 넣을 거면 봉지를 왜 그렇게 크게 만든 걸까?

과자 봉지를 열었다가 실망한 경험 한두 번 있지?

빵빵하게 부푼 과자 봉지에는 과자와 함께 질소 가스도 잔뜩 들어 있어.
그래서 봉지 크기에 비해 과자가 조금밖에 들어 있지 않지. 눈에 보이지 않고,
냄새도 없고, 아무 맛을 느낄 수도 없는 질소 가스가 함께 들어 있다니
믿기 어렵겠지만 사실이야. 결국, 우리는 과자를 사면 질소라는 물질도 함께 산 셈이지.

질소 가스는 질소 1가지 원소만으로 이루어졌어

이렇게 원소가 하나로만 이루어진 물질을 **홑원소 물질**이라고 해. 수소, 산소, 오존 같은
기체나 금, 구리, 철과 같은 금속도 홑원소 물질이야. 반면에 매일 마시는 물은 산소와 수소
2가지 원소로 이루어졌어. 이렇게 두 종류 이상의 원소가 결합하여 이루어진 물질을
화합물이라고 해. 물질은 대부분이 화합물인 상태가 더 많아. 지구에 있는 모든 물질은
원소가 혼자서 홑원소 물질을 이루거나, 여럿이 결합하여 화합물을 이루고 있어.

홑원소 물질이나 화합물을 이루는 원소는 간단하게
기호로 표시해서 쉽게 알아볼 수 있어.

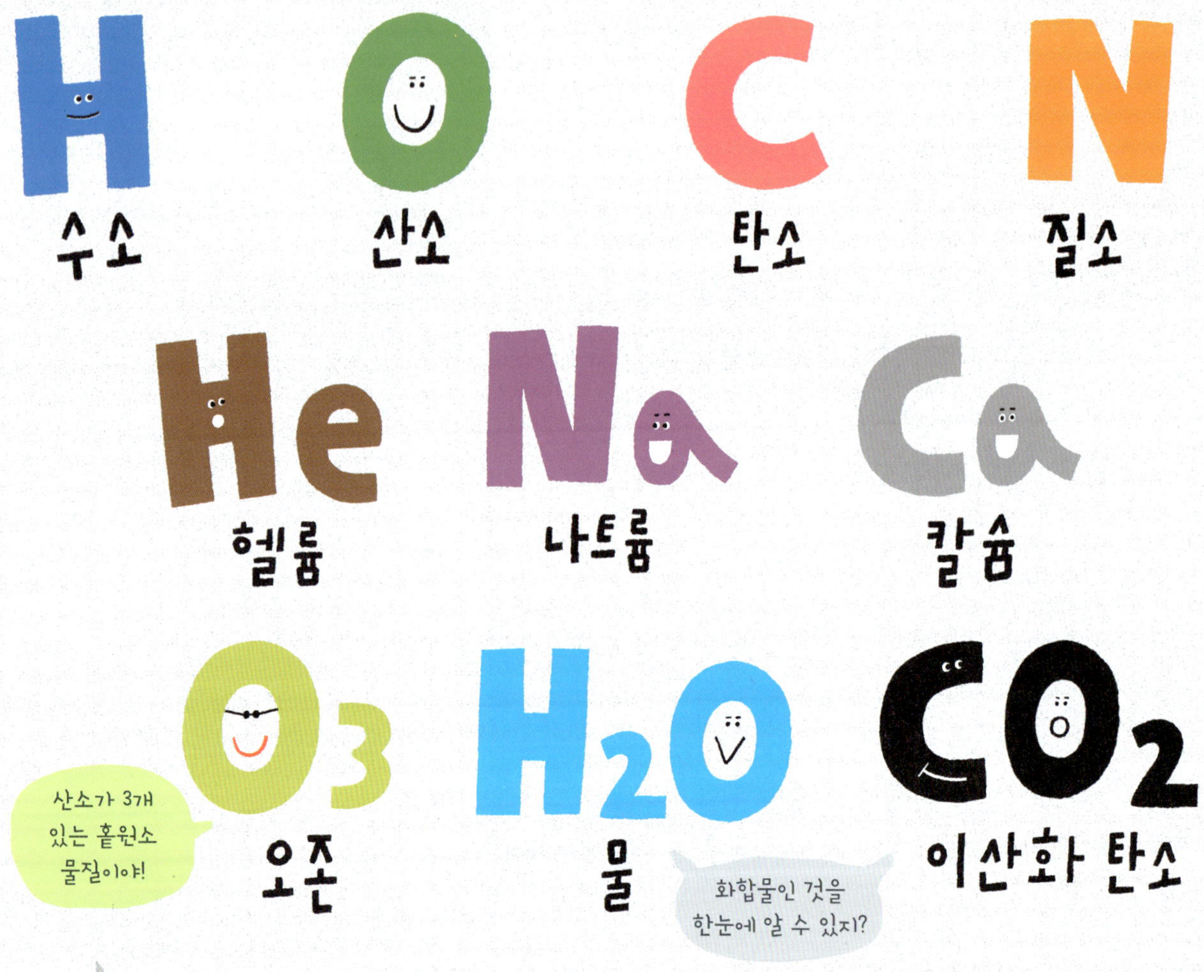

H 수소	**O** 산소	**C** 탄소	**N** 질소
He 헬륨	**Na** 나트륨		**Ca** 칼슘
O₃ 오존	**H₂O** 물		**CO₂** 이산화 탄소

산소가 3개 있는 홑원소 물질이야!

화합물인 것을 한눈에 알 수 있지?

그런데 먹지도 못하는 질소를 왜 과자 봉지 속에 넣어 둔 걸까?

이유가 있지. 바삭바삭하고 신선한 과자를 언제든 먹을 수 있거든. 질소를 과자 봉지에 채워 두면 과자가 상해서 맛이 변하는 것을 막아 줘. 또한, 외부에서 충격을 주어도 질소가 보호막 역할을 하여 과자가 부서지지도 않아. 덕분에 오랫동안 질 좋은 과자를 유지할 수 있지. 질소가 음식을 상하지 않게 하는 성질이 있는 것처럼 여러 가지 원소는 각자 자신만의 독특한 성질을 지니고 있어. 원소의 다양한 성질을 알면 이 세상에 있는 많은 물질을 알맞게 이용할 수 있겠지? 신기한 발명품도 만들고 말이야.

우리 가까이에 있는 대표적인 원소들의 성질을 알아보자.

산소 O

우리는 매일 산소를 들이마셔서 온몸으로 보내고 있어. 산소는 우리가 살아가는 데 필요한 에너지를 만들어 줘. 다른 물질과 결합하는 것을 좋아해서 금속을 녹슬게 하거나 과일이 갈변하게 해. 또한, 여러 물질이 불에 잘 타게 도와주지.

수소 H

수소는 가장 가벼운 원소로 우주에 많이 있어. 산소와 결합하여 물을 만드는 원소이기도 해. 수소는 불에 잘 타고 금방 폭발하지만, 공해 물질을 내놓지 않아서 석유를 대신할 미래 에너지로 기대를 받고 있어.

탄소 C

탄소는 모든 생명체의 몸을 이루고, 석탄, 석유 같은 화석 연료의 성분으로도 쓰이는 원소야. 다른 원소들과 쉽게 결합하는 성질이 있어서 1000만 종이 넘는 화합물을 만들어.

질소 N

질소는 산소와 함께 공기 중에 많이 있어. 단백질을 구성하기도 해. 질소는 다른 물질과 잘 반응하지 않아서 식품을 신선하게 보관하는 데 쓰여. 게다가 영하 196℃까지 액체 질소로 있어서 혈액, 정자, 난자 등을 빠르게 얼려서 보관하는 데 쓰이기도 해.

헬륨 He

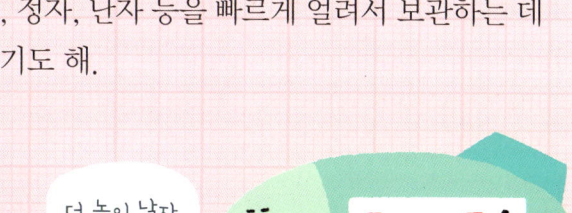

헬륨은 공기보다 가볍고, 불에 타지 않아. 그래서 광고 풍선이나 비행선, 기구에 넣어 하늘을 나는 데 이용해.

과자 봉지 속에 질소는 눈에 보이지 않아서 진짜로 들어 있는지 알 수 없었어.
그런데 원소 중에는 광택이 나면서 단단한 고체로 되어서 눈에 잘 보이는 종류가 있지.
금속 원소라고 하는데 전기가 통하고 열도 잘 전달해. 때리면 소리가 나고,
구부릴 수도 있어.

단, 온도계에서 볼 수 있는 수은은 금속이지만 액체야.

철 Fe

철은 단단하고 모양을 만들기 쉽지만, 산소와 결합하면 쉽게 녹이 슬어.
우리 생활에서는 건축에서부터 기계와 주방 도구까지 다양하게 이용돼.

튼튼한 걸 원하면 어디에나 쓰여!

알루미늄 Al

알루미늄은 가볍고 잘 녹슬지 않으며, 빛을 반사하는 성질이 있어. 포장하는 데 쓰이는
알루미늄 포일을 보면 알 수 있지. 반사판, 캔, 자동차, 냄비 등에도 알루미늄을 사용해.

탄산음료에는 나, 알루미늄 캔으로!

그밖에도 금속 원소는 구리, 마그네슘, 나트륨, 금, 납, 칼슘 등 많은 원소가 있어.
전기가 통하고 단단한 물체를 만드는 금속 원소는 우리 생활에서 **빼놓을 수 없는**
중요한 존재야.

키노트

지구에 있는 모든 물질은 원소가 혼자서 또는 여럿이 결합하여 이루어져.
자신만의 독특한 성질을 지닌 원소는 인체와 지각을 이루거나,
여러 가지 물건을 만드는 데 이용돼.

미니퀴즈 궁금증 더하기

01 사람의 방귀에 정말 불이 붙을까?

A 사람이 뀌는 방귀에도 불이 붙는다고 해!
방귀가 냄새만 나는 게 아니라 불도 붙는다니 어떻게 된 걸까?
그건 바로 불이 잘 붙는 성질이 있는 수소가 메탄가스와
함께 방귀 속에 있기 때문이지.
이 물질들은 음식물을 소화하면서 생긴 가스야.

으악, 불이야!
아니 내 방귀야!

02 방귀를 모으면 폭탄을 만들 수도 있을까?

A 평생 모으면 아마도 폭탄을 만들 수는 있을 거야.
다만 방귀를 모으기가 좀 어려울걸?
갑자기 뀌는 방귀를 모으고 저장하는 발명품부터 먼저 만들어야 할 거야.

과학자의
길은 멀고도
험난하구나!

연필심으로 다이아몬드를 만들고 싶어!

초3 물질의 성질
초6 여러 가지 기체
원자와 분자

난 지금 이 연필심으로 엄청난 기적을 일으키려고 해. 선생님이 연필심과 다이아몬드가 모두 같은 탄소로 이루어졌다고 말씀하셨거든. 놀라운 일이야. 시커멓고 잘 부서지는 연필심이 투명하고 광채가 나는 귀한 보석인 다이아몬드와 같은 성분이라니. 그렇다면 연필심이 다이아몬드로 변신하는 비법이 분명히 있을 거야. 조금만 기다려 봐! 내가 다이아몬드를 만드는 기적을 보여 줄게.

=탄소

연필심으로 다이아몬드를 만들어 보겠다고?

도전해 볼 만한 일이긴 해. 연구를 시작하기 전에 먼저 연필심의 정체부터 파악하자. 연필심은 흑연으로 만들어. 흑연으로 만들어진 연필심을 쪼개고 또 쪼개면 무엇이 될까? 끝없이 계속 쪼개질까? 상상이 잘 안 되지? 연필심을 계속 쪼개면 언젠가는 더는 쪼갤 수 없는 작은 알갱이가 돼. 눈에 보이지 않는 이 작은 알갱이가 바로 **원자**야. 원자는 물질을 이루는 가장 작은 알갱이인 셈이지.

잠깐, 물질은 원소로 만들어진다고 했어. 그런데 왜 원자가 물질을 이룬다고 하는 걸까? 원소와 원자 중에서 누가 진짜 물질을 이루는 것일까? 둘 다 물질을 이뤄. 물질은 원자라고 하는 가장 작은 알갱이로 이루어졌는데, 원소는 그 원자의 종류를 나타내는 말이야. 예를 들어서 원소를 탄소, 산소 등으로 부르지만, 이 말은 원자를 구별해서 부르는 이름이기도 해.

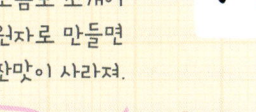

연필심이 탄소 원자로 이루어진 것을 알았으니 이제 흑연을 다이아몬드로 만들 수 있을까? 아직은 아니야. 탄소 원자만으로는 흑연이 가진 검고 잘 부서지는 성질과 투명하고 빛나는 다이아몬드의 성질을 나타내지 못해. 아직은 흑연도 다이아몬드도 아니야.

물질의 성질이 나타나려면 원자가 서로 결합해야만 해

원자가 결합하면 **분자**가 되는데, 이 분자가 물질의 성질을 나타내지.

산소 기체는 산소 원자 2개가 결합한 산소 분자들이야.

물은 산소 원자 1개와 수소 원자 2개가 결합하여 물 분자가 만들어져.

흑연은 탄소 원자가 아주 많이 결합하여 만들어졌어.

이 세상을 이루는 모든 물질은 분자가 되면서 물질의 성질을 나타내. 분자는 산소가 되고, 물방울이 되고, 연필심을 이루지. 또한, 우리 몸의 세포가 되어 눈과 뼈와 살이 되기도 해.

그렇구! 탄소 원자가 결합해서 흑연의 성질이 나타났어.

그런데 분자는 결합한 원자의 종류와 개수, 모양에 따라 성질이 전혀 다른 물질이 돼.

결합하는 원자의 종류가 다르면 당연히 전혀 다른 분자가 되지.

같은 원자끼리 결합해도 원자의 개수가 다르면 성질이 다른 물질이 돼.

난 숨을 쉬는 데 꼭 필요한 산소야.

난 지구 온난화를 막아 주지만, 몸에는 해로운 오존이야.

같은 원자끼리 결합할 때 어떤 모양으로 결합했는지에 따라서도 다른 물질이 되지.

육각형이 3개의 손으로 결합해서 층층이 쌓였어.

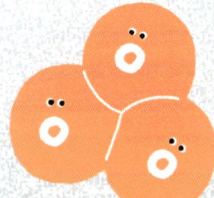

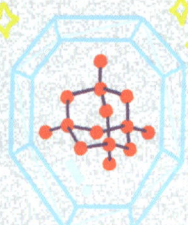
4개의 손으로 결합해서 정삼각뿔 모양이야.

이제 연필심과 다이아몬드의 비밀에 가까워졌어. 연필심과 다이아몬드는 탄소 원자로만 이루어진 물질인데, 탄소 원자들이 결합하는 방법이 달라. 그래서 분자가 늘어선 모양도 달라서 까만 흑연과 투명하고 빛나는 다이아몬드가 되는 거야. 같은 탄소 원자인데 달라도 너무 다르지. 불공평하다고? 이렇게 원자들이 여러 가지 방법으로 결합한 덕분에 118개의 원소만으로도 세상에 있는 수많은 물질이 만들어진 거야.

음~ 원자의 결합 방법이 흑연과 다이아몬드를 결정하는 비밀이었군!

똑같은 탄소 원자가 흑연과 다이아몬드로 변하는 이유를 알았으니, 드디어 흑연으로 다이아몬드를 만드는 일에 도전할 수 있겠는걸? 그런데 흑연을 다이아몬드로 바꾸려면 엄청난 열과 압력이 필요해. 무려 땅속 150km 아래에서나 가능하대. 굉장히 어려운 일이겠지? 하지만 요즈음에는 흑연에 높은 열과 압력을 가해서 인조 다이아몬드를 만들고 있어. 인조 다이아몬드는 품질이 좀 떨어져서 공업용으로만 쓰여. 끊임없이 연구하고 실험하면, 연필심이 진짜 다이아몬드로 변신하는 기적이 언젠가 일어날 거야.

 **키노트** 원자는 물질을 이루는 가장 작은 알갱이고, 원자가 결합하여 분자가 되면 물질의 성질을 나타내. 분자는 원자의 종류와 개수, 결합한 모양에 따라 전혀 다른 물질이 돼.

미니퀴즈 궁금증 더하기

정말로 원자가 물질을 이루는 가장 작은 알갱이일까?

원자보다 더 작디작은 알갱이가 있어!
사실 20세기 초부터 원자는 더 작은 알갱이인 양성자, 중성자, 전자로 나누어진다는 것을 알게 되었어. 원자는 양성자와 중성자가 있는 원자핵이 있고, 그 주위를 전자가 도는 모양이야. 그런데 왜 원자를 가장 작은 알갱이라고 할까? 원자보다 더 작게 쪼개는 일이 굉장히 어려워서 아직은 원자를 가장 작은 알갱이라고 말해. 현대에는 더욱더 작은 알갱이의 세계를 연구하고 있어. 쿼크, 중성미자, 뮤온, 힉스 알갱이 등등. 처음 들어 보는 어려운 말이지? 게다가 요즈음에는 과학자들의 관심이 힉스 알갱이로 쏠리고 있어. 힉스는 우주의 모든 공간을 채우는 알갱이라서 처음 우주가 생겨난 비밀을 밝히는 중요한 단서가 될 수 있다고 해. 아주 작은 알갱이로 우주의 비밀을 풀어내려 하다니 놀라운 작은 알갱이의 세계이지?

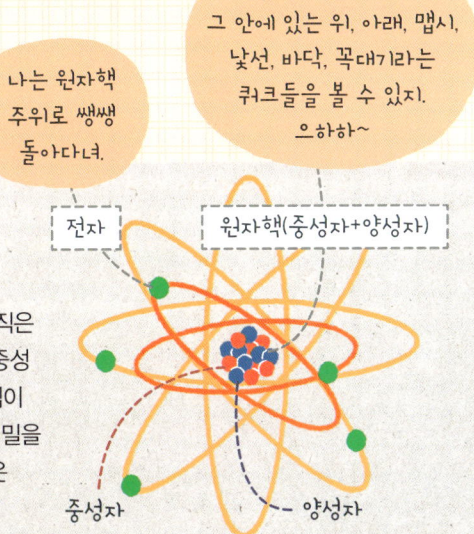

시원한 수박화채가 좋아!

초3 물질의 상태

물질의 세 가지 상태

내가 제일 좋아하는 계절 여름이야! 햇볕이 쨍쨍 내리쬐는 한낮에 놀이터에서 신나게 놀았어. 땀을 뻘뻘 흘리고 집에 돌아오니 엄마가 잘 익은 수박으로 수박화채를 만들어 주셨지. 반으로 자른 수박 속살을 숟가락으로 동글동글하게 파낸 다음에 우유와 얼음을 넣고, 거기에 사이다까지 넣으면 수박화채 완성! 달콤하고 시원한 수박이 사각사각 씹혔지. "꺽" 수박화채 국물을 너무 많이 먹었나 봐. 트림까지 나는걸? 여름에는 시원한 수박화채가 최고야.

수박화채는 여름에 먹는 별미 음식이야

수박화채 한 그릇이면 시원하게 여름을 보낼 수 있어. 마음껏 먹고 수박화채에 들어 있는 다양한 물질의 모습을 살펴보자. 먼저 단단한 얼음과 사각사각 씹히는 수박이 있어. 모두 손으로 만져지고, 모양이 있는 것들이야. 다음으로 사이다와 우유가 있어. 둘 다 씹히지 않고, 주르륵 흘러내리는 모습이야. 마지막으로 1가지 물질이 더 숨어 있어. 톡 쏘는 느낌에다가 트림도 나게 하는 이 물질은 무엇일까? 아예 눈에 보이지도 않아. 이렇게 서로 다른 모습들을 수박화채에서 발견할 수 있어. 바로 **고체**, **액체**, **기체** 상태로 있는 물질의 모습이야. 우리 주변에 있는 물질은 대부분 고체, 액체, 기체의 3가지 상태 중에서 하나의 모습을 하고 있어.

얼음과 수박은 고체야

얼음과 수박은 모양이 있어서 손으로 잡을 수 있어. 고체인 물질이 갖는 특징이지. 고체를 만져 보면 딱딱한 것, 푹신하고 말랑한 것, 거친 것 등 여러 가지가 있어. 특히 고체는 힘을 세게 주면 쪼갤 수도 있지. 하지만 모양이나 크기가 쉽게 바뀌지 않아.

그런데 설탕, 소금, 모래나 흙 같은 것들은 가루로 되어 있어서 모양이 정해져 있지 않아. 그렇다면 이런 가루 물질들을 고체라고 해도 될까? 이런 가루 물질들은 하나하나의 작은 알갱이를 살펴봐야 해. 돋보기로 살펴보면 세모나 네모, 동그란 모양 등 여러 가지 단단한 알갱이의 모습을 하고 있어. 그래서 고체라는 것을 바로 알 수 있지.

수박화채에 넣은 우유와 사이다는 액체 상태야

액체는 흘러내리는 성질이 있어서
모양이 정해져 있지 않고, 이리저리 잘 변해.
담는 그릇의 모양에 따라 모양이 변하지.
그렇지만 액체의 양은 변하지 않고 그대로야.

기체는 어떤 상태일까?

사이다를 넣은 수박화채를 먹으면 톡 쏘는 맛이 나고, 어떤 때는 트림이 나기도 해. 그것은 사이다 안에 녹아 있던 이산화 탄소가 밖으로 나왔기 때문이지. 이산화 탄소는 기체 상태인 물질이야. 기체는 잘 보이지도 만져지지도 않고, 금방 사방으로 잘 퍼져 나가는 성질이 있어. 또한, 모양과 크기가 정해져 있지 않아. 그래서 기체는 담는 그릇에 따라 모양과 크기가 모두 변해.

이렇게 고체, 액체, 기체 상태의 물질이 각각 다른 성질을 나타내는 이유는 뭘까?

그 비밀은 눈에 보이지 않는 작은 분자 속에 숨어 있어. 각 물질을 이루는 작은 분자들은 서로 모양이 달라. 분자들은 빼곡하게 있거나 조금 멀리 떨어져 있거나 아주 멀리 떨어진 모양을 하고 있어. 또는 가만히 있거나 조금씩 움직이거나 자유롭게 움직이고 있어서 각각 다른 성질을 나타내.

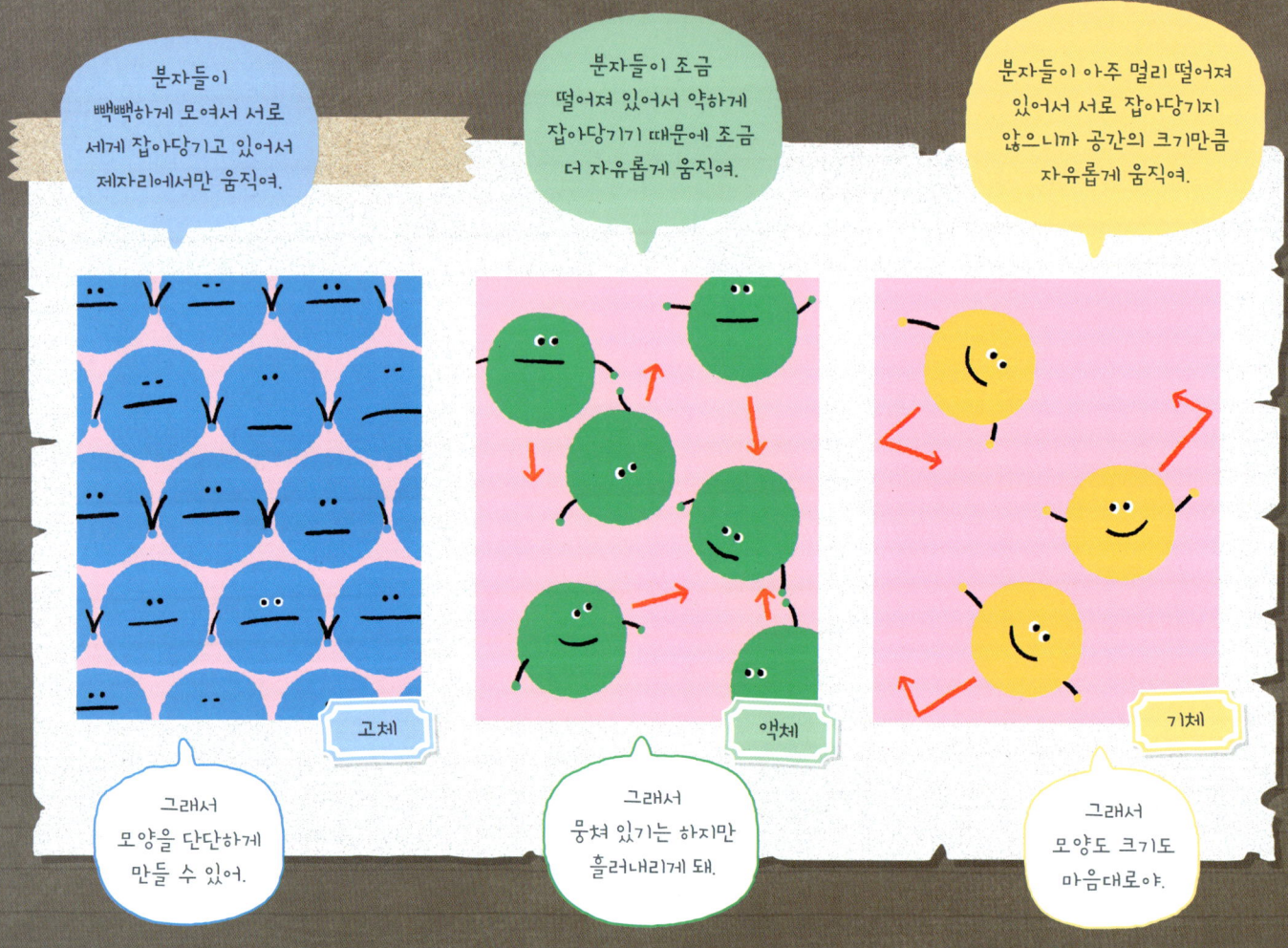

키노트

우리 주변에 있는 물질은 대부분 고체, 액체, 기체의 3가지 상태로 있어. 고체는 모양이 정해져 있고, 액체는 흘러내리고, 기체는 모양과 크기가 없고 사방으로 잘 퍼져 나가는 물질이야. 이런 물질의 성질은 물질을 이루는 분자들이 어떤 모양으로 있고, 얼마나 움직이는가에 따라서 다르게 나타나.

미니퀴즈 궁금증 더하기

달콤하고 말랑한 젤리는 액체일까 고체일까?

달콤하고 말랑말랑한 젤리는 언제 먹어도 맛있어. 입안에 넣으면 부드럽게 씹히다가 금방 사르르 허물어져. 그런데 젤리는 물처럼 흘러내리지는 않지만, 그릇에 따라 모양을 달리하고 있어. 단단한 것 같지만 단단하지 않고, 흘러내릴 것 같지만 뭉쳐 있는 젤리는 고체일까, 액체일까?

> 물질은 대부분 고체, 액체, 기체의 3가지 상태로 있지만, 젤(gel) 상태라는 것도 있어. 다른 말로 콜로이드(colloid) 상태라고도 해. 젤 상태는 젤리처럼 모양은 고체 같지만, 단단하지가 않고 흐물거려. 그래서 액체처럼 그릇에 따라 다른 모양을 하게 돼. 푸딩이나 치약, 묵 같은 것들도 젤 상태인 물질이야.

커다란 통나무가 강에 둥둥 뜨는 이유는?

초3 물질의 성질
밀도

센 바람과 비를 몰고 온 태풍이 지나간 뒤 강에 온갖 것들이 다 떠내려왔어. 스티로폼 상자, 비닐봉지같이 가벼운 것들은 물에 둥둥 떠 있고, 유리병이나 쇠못, 벽돌처럼 무거운 것들은 강바닥 여기저기에 널브러져 있어. 태풍이 얼마나 무서운지 알 것 같아. 그런데 커다란 통나무도 강물에 둥둥 떠다니네? 무거운 통나무는 강바닥으로 가라앉아야 하는 거 아니야?

가벼운 것은 물에 뜨고, 무거운 것은 물속으로 가라앉는 게 사실일까? 만약 집채만큼 커서 두 손으로 들 수 없는 무거운 스티로폼이 있다면 물에 가라앉을까? 스티로폼은 아무리 무거워도 언제나 물에 떠. 반면에 가볍고 작은 쇠못을 물에 떨어뜨리면 곧바로 물속으로 쏙 가라앉아. 무거운 스티로폼이 물 위에 뜨고, 가벼운 쇠못이 물속에 가라앉는 것을 보면 물체가 무겁다고 반드시 물에 가라앉는 것이 아님을 알 수 있어. 물질이 물에 뜨거나 가라앉는 것은 바로 **밀도** 때문이야.

> 나도 물속에 들어가고 싶지만, 그건 이룰 수 없는 꿈이야.

> 밀도 때문이래!

밀도란 무엇을 말하는 것일까?

똑같은 크기의 상자가 있어. 한쪽 상자에는 야구공이 많이 들어 있고, 다른 쪽에는 야구공이 적게 들어 있다면 어느 쪽 상자가 더 빽빽할까? 야구공이 많이 든 상자가 더 빽빽해. 이런 상태를 밀도가 크다고 말하지. 같은 부피일 때 빽빽한 상태를 밀도가 크다고 하고, 성기게 있는 상태를 밀도가 작다고 해.

> 야구공이 많이 들어 있을수록 더 빽빽해.

> 밀도가 작으면 덜 빽빽해.

만약 똑같은 크기의 상자인데 한쪽에는 야구공이 많이 들어 있고, 다른 쪽에는 쇠구슬이 많이 들어 있다면 어느 쪽 상자가 더 무거울까? 쇠구슬이 많이 든 상자가 더 무거워. 더 무거운 상자가 밀도가 큰 상자이기도 해. 같은 부피일 때 밀도가 큰 것이 더 무거운 물체이고, 밀도가 작은 것이 더 가벼운 물체야.
이렇듯 밀도는 같은 부피만큼 물질의 질량을 재어서 더 무거운 정도를 비교해.

> 낑낑~ 빽빽한 게 더 무거워!

> 쇠구슬이 밀도가 더 커.

물질은 분자가 모여 이루어지는 것 알고 있지?
분자들이 얼마나 빽빽하게 있는지, 또는 분자의 질량이
얼마나 큰지에 따라서도 밀도가 달라져.
예를 들어, 같은 부피만큼의 스티로폼과 쇠의 질량을
재어 보면 스티로폼이 더 가볍고 쇠가 더 무겁지.
이럴 때 스티로폼의 밀도가 쇠보다 작다고 말해.

커다랗고 무거운 통나무가 강에 뜨는 게 신기한 일일까?

밀도 때문에 충분히 가능한 일이야. 물질이 물에
뜨거나 가라앉는 것은 물과의 밀도 차이 때문이야.
아무리 커다란 통나무라도 밀도는 같은 부피만큼의
질량을 비교하기 때문에 항상 같아.
커다란 통나무는 밀도가 물보다 작아서 강물 위에 뜨게 돼.
밀도는 물질이 모양을 바꾸거나, 또는 크기를 크거나 작게 만들어도
변하지 않아. 같은 종류의 물질은 모양이나 크기가 달라져도 밀도가
항상 같지. 금과 나무를 다른 모양으로 만들거나 작은 조각으로 잘라도
금은 금의 밀도를 가지고, 나무는 나무의 밀도를 갖고 있어.
밀도는 물질마다 달라서 각 물질을 구별하는 특징이 돼.

어떤 물질이 물에 뜨고, 물속으로 가라앉는 것일까?

여러 가지 물질의 밀도 차이를 비교해 보면 쉽게 알 수 있어. 스티로폼, 나무, 벽돌, 유리, 쇠, 금을 준비해. 그리고 밀도가 1g/㎤인 물에 물질을 모두 넣어 봐. g/㎤는 밀도를 나타내는 단위야. 물보다 밀도가 큰 벽돌, 유리, 쇠, 금은 물속으로 가라앉고, 물보다 밀도가 작은 나무, 스티로폼은 물에 뜨지. 이제 물질이 물에 뜨거나 가라앉는 것은 물보다 밀도가 크거나 작기 때문이란 것을 알겠지? 물질의 크기나 질량이 아니라, 밀도 차이가 결정하는 거야.

나하고 비교하면 돼!

스티로폼, 나무, 쇠 등 여러 물질의 밀도를 물을 기준으로 비교하였더니 밀도 차이를 쉽게 알 수 있었어. 물보다 밀도가 크면 물속으로 가라앉고, 물보다 밀도가 작으면 물 위에 떴지? 이렇게 물의 밀도를 중심으로 다른 물질의 밀도를 비교하는 것을 **비중**이라고 해. 비중이 4인 유리는 물보다 비중이 크니까 물속으로 가라앉아. 이렇게 비중을 사용하면 어떤 고체와 액체가 물에 뜨고 가라앉는지를 한눈에 알 수 있어.

스티로폼	나무	물	벽돌	유리	쇠	금
0.2	0.8	1	2	4	8	19

나의 비중은 0.95쯤 돼. 물에 겨우 떠 있어.

우리 생활에서 밀도 차이를 이용한 것이 많아

구명조끼에 공기를 빵빵하게 넣으면 공기가 가벼워서 구명조끼의 밀도가 작아져. 그래서 구명조끼를 입으면 물에 떠.

열기구에 가벼운 기체인 헬륨을 넣으면 열기구의 밀도가 주변의 공기보다 작아져. 그래서 열기구가 하늘로 높이 떠올라.

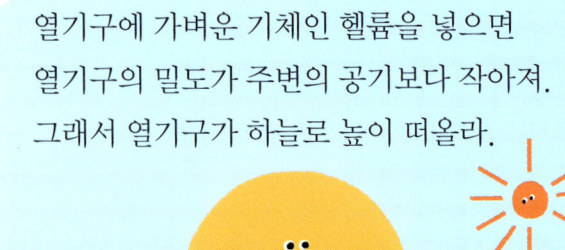

물에 달걀을 넣어서 신선한 달걀을 골라내. 신선한 달걀은 물속에 가라앉아. 오래된 달걀은 공기집이 커져서 밀도가 작아지니까 뜨게 돼.

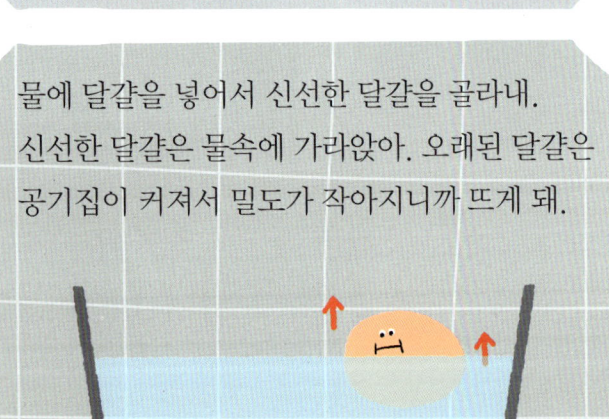

에어컨은 찬바람이 위쪽에서 나와. 차가운 공기는 밀도가 커서 아래로 내려오기 때문에 방 안 전체가 시원해져.

키노트

밀도는 같은 부피만큼 물질의 질량을 재서 무거운 정도를 비교하는 거야. 물질을 이루는 분자들이 얼마나 빽빽하게 있는지, 분자의 질량이 얼마나 큰지에 따라서 밀도가 달라져. 밀도는 물질의 모양이나 크기가 바뀌어도 항상 같아. 물보다 밀도가 큰 물질은 물속으로 가라앉고, 물보다 밀도가 작은 물질은 물 위에 떠.

미니퀴즈 궁금증 더하기

거대한 잠수함은 어떻게 깊은 바닷속과 물 위를 오르내릴까?

거대한 잠수함은 무거운 쇠로 만들어. 그런데 어떻게 깊은 바닷속으로
들어갔다가 다시 물 위로 뜨는 걸까? 쇠는 물보다 밀도가 커서 물에 반드시
가라앉는데 말이야.

01 오리처럼 물속에서 물갈퀴 같은 것을 계속 움직이는 게 아닐까?

02 잠수함 아래에 커다란 투명 튜브를 대었다가 떼는 것 같아.

03 열기구처럼 공기를 잠수함 안으로 넣었다가 빼는 것 같아.

잠수함의 비밀은 공기에 있어. 무거운 금속인 잠수함은 공기를 품을 수 있게
만들어졌지. 잠수함 안에는 공기를 품는 밸러스트 탱크라는 곳이 있어.
이 탱크에 공기가 차면 잠수함의 밀도가 작아져서 물에 뜰 수 있어.
반대로 물속으로 잠수하려면 이 탱크에 바닷물을 넣어. 그러면 잠수함의 밀도가
커져서 물속으로 가라앉게 돼. 하하, 정답은 03번이야. 모두 맞혔지?

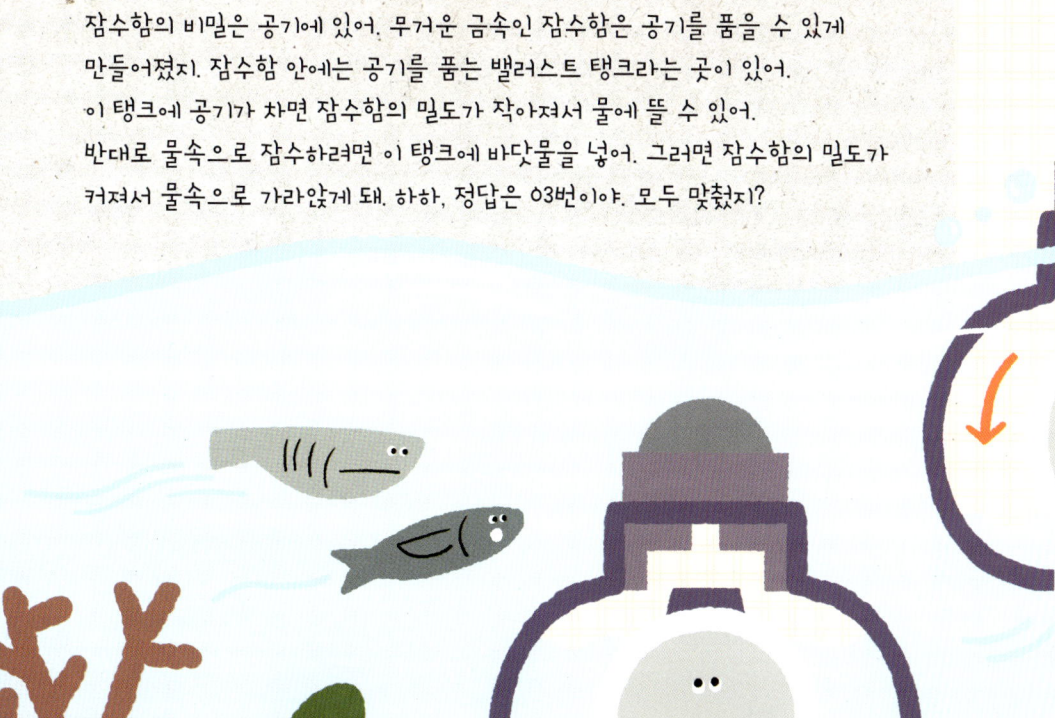

초5 | 용해와 용액

용해

맛있는 오이 피클에는 달콤한 설탕물이 필요해!

친구 집에서 맛있는 오이 피클을 먹었어. 새콤달콤해서 내 입맛에 딱 맞았지. 마침 냉장고에 오이가 있기에 나도 오이 피클을 만들어 봤어. 음, 단맛과 신맛이 났으니 오이에 설탕과 식초를 뿌려서 잘 섞으면 뚝딱 만들겠지? 드디어 오이 피클을 완성하고 먹어 봤어. 그런데 오이 맛이 너무 밍밍한 걸? 김치처럼 숙성되면 나아질까 하고 하루 지나서 다시 먹어 봤어. 아뿔싸, 어떤 오이는 달고, 다른 오이는 시어. 어떻게 하면 맛있는 오이 피클을 만들 수 있을까?

맛있는 오이 피클을 만드는 데에도 과학이 필요해

오이 피클은 설탕의 단맛과 식초의 신맛이 오이에 잘 스며들어야 해. 오이 피클이 단맛과 신맛을 내기 위해서는 오이에 설탕과 식초를 그냥 뿌려서 버무리면 안 돼. 맛이 제대로 스며들게 하려면 설탕과 식초를 골고루 섞은 물에 오이를 담가야 하지. 이제부터 오이 피클의 핵심 소스인 설탕 식초 물을 만드는 방법을 알아보자. 아삭아삭 맛있는 오이 피클을 과학의 힘으로 만드는 거야.

오이 피클의 새콤달콤한 맛을 내기 위해서는 먼저 설탕물을 잘 만들어야 해

설탕물은 설탕이 물에 녹아 골고루 섞이면 만들어지는데 이런 현상을 **용해**라고 해. 그리고 설탕이 물에 녹아서 만들어진 설탕 혼합물은 **용액**이라고 불러. 용액이 만들어질 때 설탕처럼 녹는 물질은 **용질**이고, 설탕을 녹이는 물과 같은 액체는 **용매**야. 전부 '용(溶)'이란 말이 들어가지? 한자어로 '녹는다'라는 뜻이야.

하얀 가루인 설탕이 물에 녹으면 어떻게 될까?

설탕은 완전히 다른 모습으로 변해. 모양도 색도 눈에 보이지 않고, 먹어 보면 딱딱한 고체의 느낌도 없어. 설탕이 변신하는 이유는 무엇일까? 설탕을 이루는 분자를 살펴보면 알 수 있지. 설탕은 고체라서 분자들이 가만히 있어. 그런데 설탕이 물에 들어가면 설탕 분자와 물 분자가 서로 끌어당기게 돼. 끌어당기는 힘이 점차 세져서 설탕 분자들이 떨어져 나와. 눈에 보이지 않을 만큼 작은 설탕 분자들은 물 분자 사이로 골고루 섞이게 되지. 이렇게 섞이면 설탕의 흰색은 사라지고 투명한 설탕 용액이 돼. 설탕 용액은 오랫동안 그냥 두어도 설탕이 가라앉지 않고, 거름종이에 부어도 설탕이 걸러지지 않아. 먹어 보면 모든 물에서 똑같은 정도의 단맛이 나.

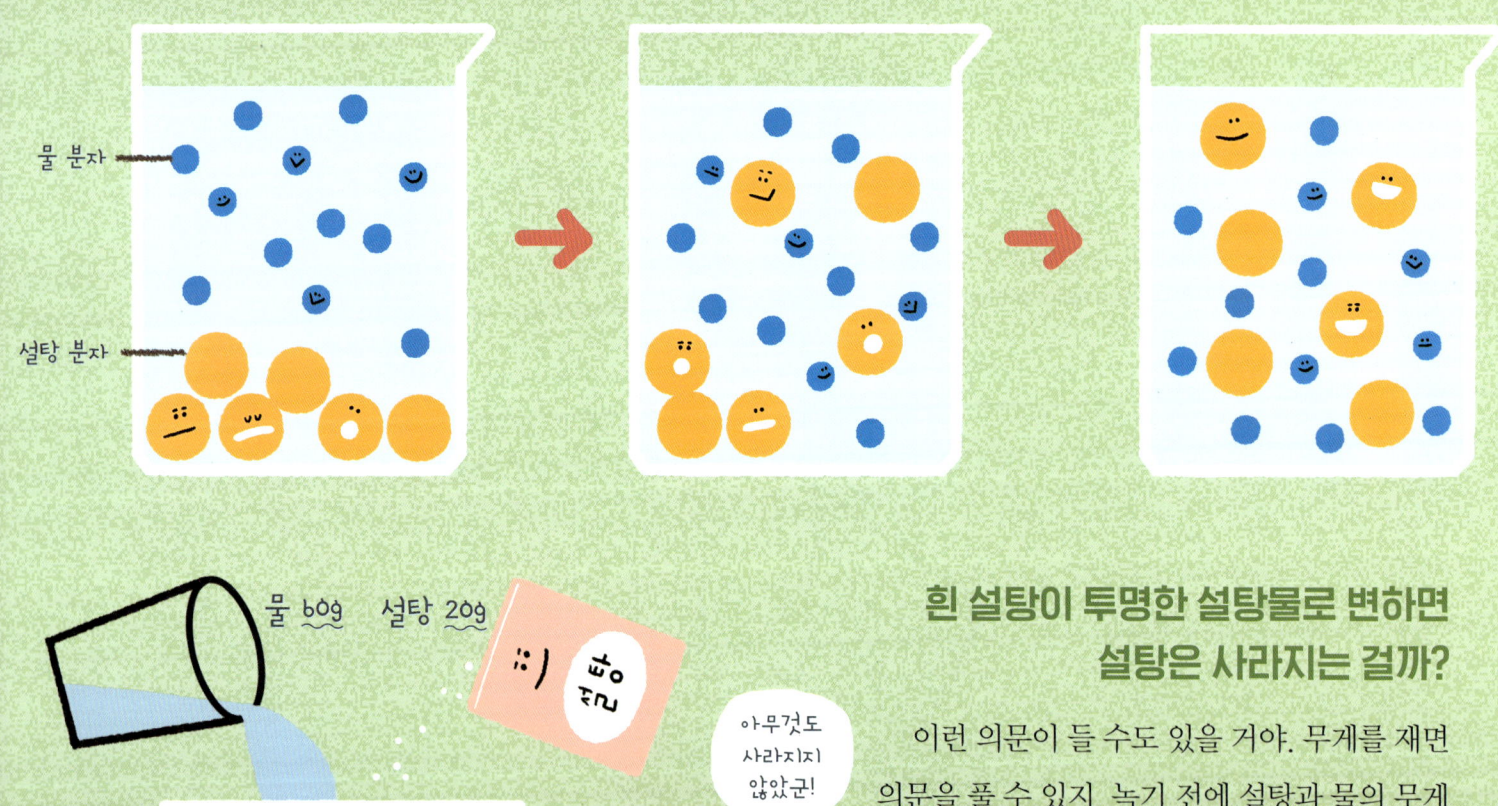

흰 설탕이 투명한 설탕물로 변하면 설탕은 사라지는 걸까?

이런 의문이 들 수도 있을 거야. 무게를 재면 의문을 풀 수 있지. 녹기 전에 설탕과 물의 무게 그리고 녹은 후에 설탕물의 무게를 재어 보면 똑같아. 왜 무게가 같을까? 물질이 용해되면 사라지는 것이 아니라, 더 작은 분자로 나누어지기 때문이지. 작은 분자가 용매에 골고루 섞여 용액이 되어서 원래의 물질이 보이지 않는 거야.

각설탕으로도 오이 피클을 만들 수 있을까?

오이 피클에 넣을 설탕물을 만들려고 해. 그런데 가루 설탕이 없고 각설탕뿐이라면 어떻게 물에 녹여야 할까? 각설탕은 가루 설탕보다 물에 천천히 녹아서 답답할 거야. 이럴 때는 가만히 두지 말고 저어 주면 더 빨리 녹일 수 있어. 또는 각설탕을 작게 쪼개서 알갱이의 크기를 작게 만들어 봐. 그러면 더 빨리 녹을 거야.

설탕을 많이 녹여서 아주 진한 설탕물을 만들고 싶어!

물에 설탕을 계속 넣으면 점점 진한 설탕물이 만들어져. 용질이 많이 녹아 있는 용액일수록 맛이 진하거나 색이 진해. 하지만 설탕을 끝없이 녹일 수는 없어. 설탕은 계속 녹다가 어느 순간부터 더는 녹지 않고 고체 상태로 남게 되지. 이때는 빠르게 저어도 소용없어. 물질마다 용매에 모을 수 있는 용질의 양이 정해져 있어서 더는 녹지 않아. 그래도 좀 더 녹이고 싶다면 방법이 있지. 물 온도를 높여 주면 돼. 뜨거운 물에 설탕을 녹이면 차가운 물에서보다 더 많은 양을 녹일 수 있어. 이처럼 고체인 물질은 뜨거운 물에서 더 빨리, 더 많이 녹아.

오이 피클을 만들려면 설탕물에 식초도 넣어야 해

설탕물에 식초를 넣으면 설탕과 식초가 섞인 맛있는 용액이 만들어져. 이처럼 용액은 액체와 액체를 섞어서 만들 수도 있어. 용액은 액체인 용매에 설탕과 같은 고체 용질을 넣어서 만들기도 하지만, 액체 용매에 식초와 같은 액체를 용질로 섞어서 만들기도 해. 그뿐만이 아니야. 우리가 즐겨 마시는 탄산음료는 액체에 이산화 탄소 기체를 녹여서 만든 용액이지. 고체 물질, 액체 물질, 기체 물질이 모두 용질이 되어 용매에 골고루 섞여 용액을 만들 수 있어. 자, 이제 물, 설탕, 식초가 섞인 용액에 오이를 잘라 넣어서 새콤달콤한 오이 피클을 만들어 먹어 봐!

키노트

물과 같은 액체에 물질이 녹아 고르게 섞이는 현상을 용해라고 해. 이때 녹는 물질은 용질이고, 녹이는 물질은 용매, 용질과 용매가 섞여 만들어진 물질은 용액이야.
용액은 용질의 분자가 떨어져 나와 용매 분자 사이로 골고루 섞여 만들어져.

미니퀴즈 궁금증 더하기

땅속에 커다란 구멍이 생겼다고?

땅속에 커다란 구멍이 생겨서 땅이 푹 꺼지는 사건이 뉴스에 가끔 나와.
어찌 된 일일까?

A 이런 구멍을 싱크홀(sinkhole)이라고 불러.
싱크홀은 지하수를 무분별하게 많이 사용해서 생기기도 해.
석회암 지대에서 발생한 싱크홀은 지하수가 땅속에 있던 암석을 천천히 용해하여 생기는 현상이야. 석회암은 물에 잘 녹는 암석이거든.
석회 동굴도 석회암이 물에 녹아서 동굴이 된 거야.

싱크홀

석회 동굴

수영장에 오래 있으면 왜 손가락이 쭈글쭈글해질까?

초5 용해와 용액

농도

아빠와 수영장에 왔어. 나도 아빠처럼 헤엄을 잘 치고 싶은데 물에 뜨려고만 하면 곧바로 물속으로 꼬르륵 가라앉아. 물에 뜨는 게 왜 이리 힘든 걸까? 아빠가 말씀하셨어. "하하, 바다에선 잘 뜨니까 여름이 되면 바다에 가서 헤엄치자." 정말 바다에 가면 잘 뜨게 되는 걸까? 그런데 오랫동안 수영장에 있었더니 내 손가락이 쭈글쭈글해졌어. 내 손이 왜 이래? 피부병에 걸린 건 아니겠지?

헤엄을 잘 치려면 먼저 물에 뜰 수 있어야 해

수영장에서 물에 뜨는 건 쉽지 않아. 물론 뜨는 방법을 잘 익히면 뜰 수 있지만, 바다에 가면 수영장에서보다 쉽게 뜰 수 있어. 왜 수영장보다 바닷물에서 잘 뜨는 걸까? 지금부터 두 물의 차이를 알아보자. 바닷물과 수영장 물은 소금이 녹아 있는 정도에서 차이가 나. 바닷물에는 소금이 진하게 녹아 있고, 수영장 물에는 소금이 아주 조금 녹아 있어. 이렇게 용액 속에 용질이 녹아 있는 정도를 **농도**라고 말해. 농도는 용액이 얼마나 진한가를 나타내지.

용액의 농도가 높은 것은 용질이 많이 녹아 있고, 용액의 농도가 낮은 것은 용질이 적게 녹아 있어. 바닷물에는 소금이 많이 녹아 있으니 수영장 물보다 용액의 농도가 높지. 만약 바닷물을 컵에 떠서 소금이나 물을 더 넣으면 농도는 어떻게 될까? 소금을 더 넣으면 농도가 진해지고, 물을 더 넣으면 농도가 묽어지지. 이렇게 용액의 농도는 용질이나 용매의 양에 따라 달라지기 때문에 물질의 특성이 될 수는 없어.

농도 차이를 확인하는 방법이 없을까?

바닷물에 소금이나 물을 더 넣어 농도를 변화시켜도 눈으로 보아서는 농도 차이를 알 수 없어. 그렇다면 용액의 농도가 진한 정도는 어떻게 알 수 있을까? 먼저 색깔로 아는 방법이 있어. 흑설탕 물처럼 색깔이 있는 용액은 금방 알 수 있지. **농도가 진하면 용액의 색깔도 더 진해지기 때문이야.** 물에 간장을 타 보면 더 쉽게 알 수 있어. 간장을 많이 넣을수록 더 진한 용액이 돼.

색깔이 진한 게 농도가 더 높은 거야.

간장을 많이 넣을수록 색깔이 진해져.

소금물이나 설탕물처럼 색깔이 없는 용액은 **용액의 맛을 보면 농도를 알 수 있어.** 조금만 맛을 봐도 우리 혀가 얼마나 짜고 단지를 알려 줘. 요리할 때 소금이나 설탕을 넣고 맛보는 것도 농도를 알아보고 알맞은 맛을 내기 위해서야. 용액의 맛을 보는 게 망설여진다고? 그럴 수 있어. 먹으면 몸에 해로운 용액도 있으니까. 다른 방법을 알려 줄게. **물체가 물에 뜨는 정도를 비교해서 용액의 농도를 알 수 있어.** 물에 메추라기 알을 넣고, 소금을 계속 넣어 봐. 소금이 녹으면 메추라기 알이 점점 높이 떠오르는 신기한 마술이 일어나.

어머, 내가 점점 위로 올라가!

소금물 용액의 농도가 진해질수록 소금물의 밀도도 커져. 그래서 소금물보다 밀도가 작은 가벼운 메추라기 알이 더 높이 떠오르는 거지. 이렇게 물체는 용액의 농도에 따라 뜨는 정도가 달라져. 수영장보다 바닷물에서 몸이 잘 뜨는 이유도 바닷물의 농도가 진해서 밀도 차이가 나기 때문이지. 이스라엘과 요르단에 걸쳐 있는 소금 호수인 사해는 물에 녹아 있는 소금의 양이 세계 최대라고 해. 그래서 누워서 신문을 볼 수 있을 정도로 사람의 몸이 쉽게 뜨고, 누구나 헤엄을 칠 수 있어!

수영장에 오래 있었더니 손가락이 쭈글쭈글해졌어

왜 쭈글쭈글해졌을까? 이유는 역시 농도 때문이야. 정확하게 말하면 농도 차이 때문이지. 농도가 서로 다른 두 용액이 있을 때, 농도가 낮은 쪽의 물이 농도가 높은 쪽으로 이동해. 그래서 서로의 농도를 같게 만들려는 현상이 일어나. 이런 현상을 **삼투 현상**이라고 해. 손가락이 쭈글쭈글해진 것은 농도가 낮은 수영장 물이 농도가 높은 피부 세포 안으로 들어와서 피부의 부피가 늘어난 거야.

용액의 농도 차이 때문에 일어나는 삼투 현상에는 어떤 것들이 있는지 알아보자

김치를 담글 때 배추를 소금물 안에 담가 두면, 배추의 물이 빠져서 뻣뻣하던 배추가 졸아들어.

미역국을 끓이려고 마른미역을 물에 담가 놓으면, 물이 미역 세포 안으로 들어가 부드럽게 부풀어.

식물은 농도가 낮은 흙 속의 물이 농도가 높은 뿌리 쪽으로 이동하여 필요한 물과 양분을 얻어.

식물에 비료를 너무 많이 주면 안 돼! 흙의 농도가 높아져서 식물에서 물이 빠져나와 식물이 말라 죽게 돼.

키노트
농도는 용액 속에 용질이 녹아 있는 정도를 말해. 용액의 농도는 색깔, 맛, 용액에 물체가 뜨는 정도를 비교하여 알 수 있어. 두 용액이 농도 차이가 있을 때, 농도가 낮은 쪽의 물이 농도가 높은 쪽으로 이동하는 현상을 삼투 현상이라고 해.

미니퀴즈 궁금증 더하기

물고기는 짠 바닷물을 많이 먹어도 괜찮을까?

바닷물은 소금의 농도가 아주 진해. 사람이 바닷물을 정수하지 않고 마시면 병에 걸리거나 죽을지도 몰라. 그런데 짠 바닷물에 사는 물고기는 어떻게 항상 바닷물을 빠끔빠끔 마시며 살아가는 걸까?

> 물고기는 짠 바닷물을 많이 마시지만, 소금 성분을 몸 밖으로 내보낼 수 있어. 물고기의 아가미에는 소금 성분을 조절하는 막이 있어서 삼투 현상으로 소금 성분은 걸러 내보내고 영양분만 흡수해. 또한, 진한 오줌을 조금씩 배출하면서 소금을 몸 밖으로 내보내기도 해.

그래서 물고기가 바닷속에서 살 수 있구나.

우린 소금을 많이 먹어야만 살 수 있어.

입만 빠끔빠끔하고 사실은 안 먹어.

둘 다 거짓말이야! 소금을 내보낼 수 있잖아!

마요네즈가 설거지를 망쳤어!

초4 **혼합물의 분리**
순물질, 혼합물, 화합물

친구들을 집으로 초대했어. 엄마가 맛있는 샐러드, 김밥, 떡볶이, 과일, 주스 등을 차려 주셨지. 설거지는 당연히 내가 했어. 그런데 그릇들이 미끌미끌! 온통 기름투성이가 되어 설거지는커녕 하마터면 접시를 놓쳐서 깰 뻔했다니까! 설거지는 너무 힘든 일이야. 엄마가 한마디 하셨어. "쯧쯧, 마요네즈가 묻은 접시는 찬물로 설거지해야 하는데." 마요네즈가 어쨌다는 거지?

샐러드에 넣었던 마요네즈가 접시에 남아 있다면 찬물로 씻어야 해

그 이유는 마요네즈가 무엇으로 이루어졌는지 알아보면
쉽게 알 수 있어. 직접 마요네즈를 만들어 보자.

요리조리 실험실 - 마요네즈 만들기

달걀노른자만 따로 분리해!

식용유를 넣고 거품기로 저어 줘. 한 방향으로만 돌리기!

내용물이 뻑뻑해지면 물을 조금 넣어 줘. 부드러운 게 좋아.

식초를 넣고 저어 주면, 고소한 마요네즈 탄생!! 아주 쉽군.

마요네즈는 달걀노른자와 식용유, 식초를 섞어 만든다는 걸 알았지? 마요네즈에 뜨거운 물이 닿으면 마요네즈의 재료인 식용유가 분리되어 나와 그릇에 묻게 돼. 그러니까 마요네즈가 묻은 그릇은 식용유가 분리되지 않게 찬물로 씻는다는 거 잊지 마! 마요네즈처럼 2가지 이상의 물질이 섞여 만들어진 것을 **혼합물**이라고 해. 친구들과 먹은 음식들에도 다양한 재료가 혼합되어 있어.

사과, 파인애플, 귤, 방울토마토, 건포도, 마요네즈가 섞여 있어.

밥과 김, 시금치, 단무지, 달걀, 참치, 당근이 혼합되어 있어.

우아, 샐러드에서 꿀맛도 나.

하하, 샐러드에 꿀을 살짝 넣었는데 알아맞혔네?

으쓱! 난 미식가니까.

알록달록한 여러 과일이 들어간 과일 샐러드는 무슨 맛일까?

여러 가지 맛이라고? 맞아. 사과, 파인애플, 귤, 방울토마토, 건포도 그리고 마요네즈 등 모든 재료의 맛이 생생하게 느껴질 거야. 이렇게 혼합물은 2가지 이상의 물질이 섞여 있을 뿐 섞여 있는 물질의 성질은 섞이기 전과 변함없이 같아.

물질은 혼합물 상태만 있을까?

우리 주위에 있는 많은 것은 2가지 이상의 물질이 섞인 혼합물 상태로 있어.
그런데 순금, 물, 소금처럼 1가지 물질로만 이루어진 것도 있지. 바로 **순물질**이야.
순물질이 2가지 이상 섞이면 혼합물을 이루게 돼.

샐러드를 먹을 때 유리컵에 담긴 노란색 주스도 마셨었어. 색을 보자마자 친구들은 "오렌지 주스 맛있겠다."라고 말했지. 만약 유리컵에 소금물이 있었다면 그냥 물인지 소금이 섞여 있는 물인지 먹기 전까지는 알기 힘들 거야. 왜 그럴까? 소금물은 혼합물을 이루는 물질들이 고르게 섞여 있어서 1가지 물질처럼 보이기 때문이야. 이를 **균일 혼합물**이라고 해. 반면 오렌지 주스는 물질들이 고르게 섞이지 않은 **불균일 혼합물**이라 소금물과 다르게 눈에 보이지.

우리가 매일 마시는 물은 산소와 수소가 결합해서 만들어진 거야

산소와 수소 기체는 서로 성질이 전혀 다른데 결합해도 괜찮을까?
이 둘이 결합해서 물이 된다는 게 사실일까?

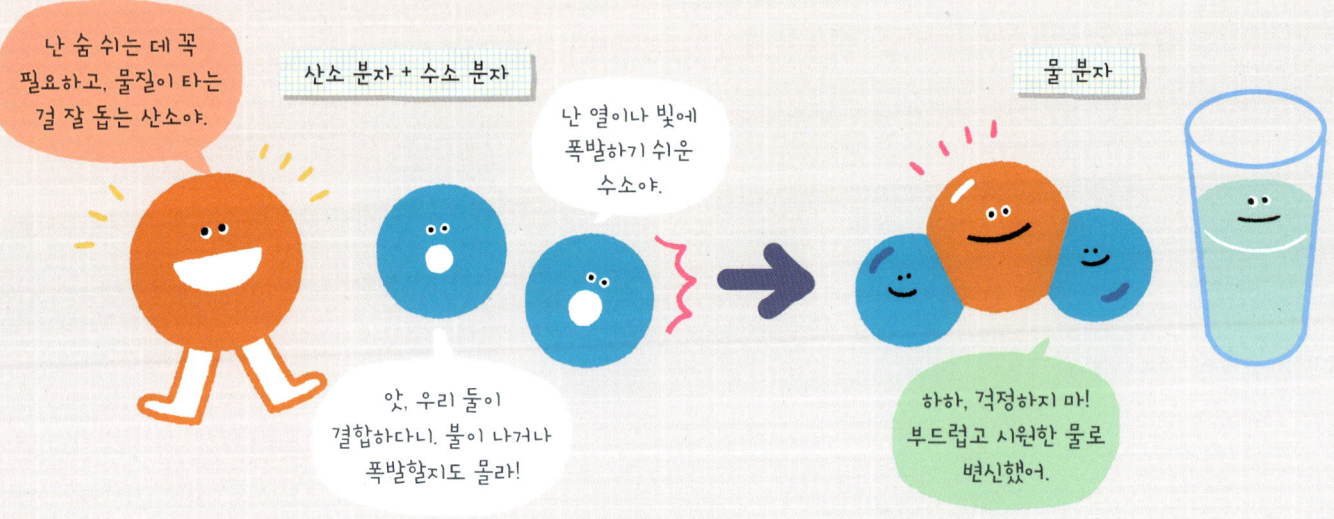

산소와 수소가 공기 중에 섞여 있을 때는 기체 혼합물이야. 하지만 서로 결합하면 원래 갖고 있던 각자의 성질을 잃어버리고, 전혀 다른 성질을 지닌 물로 변해. 이렇게 바뀐 물질인 물을 **화합물**이라고 하지. 화합물은 새로운 성질을 지닌 순물질이야. 요리할 때 자주 쓰는 소금도 나트륨과 염소가 만난 화합물이야.

1가지 물질로 이루어진 것을 순물질, 2가지 이상의 물질이 섞여 있는 것을 혼합물이라고 해. 혼합물은 섞여 있는 물질의 성질이 그대로 나타나. 화합물은 2가지 이상의 물질이 결합하여 전혀 다른 성질을 지닌 순물질이 된 거야.

미니퀴즈 궁금증 더하기

사람에게 노란 피가 있을까?

의사 선생님이 나에게 빨간 혈액이 아닌 노란 혈액을 수혈할 거라고 말씀하셨어.
헉! 내가 외계인도 아닌데 노란 혈액이라니?
이건 음모야! 어쩌면 좋을까?

01 전속력으로 뛰어서 병원 밖으로 달아난다.

02 몰래 하는 위험한 생체 실험일 거야. 비밀을 파헤치기 위해 병원을 수색하자!

03 사람은 빨간 피, 문어는 파란 피, 외계인은 노란 피! 어쩌면 나는 외계인이 맞을지도 몰라.

혈액은 액체 성분인 혈장이 55% 정도이고, 고체인 적혈구, 백혈구, 혈소판 등의 혈구가 45%를 차지하는 혼합물이야.

적혈구 때문에 붉게 보이지만, 혈구를 빼면 노란 혈액이 돼. 환자에게 맞추어 노란 혈장만 혈액으로 사용하기도 하니 의심하지 마세요!

밥에서 모래가 씹혀!

초4 혼합물의 분리
크기와 밀도 차이, 자석에 붙는 성질을 이용한 혼합물의 분리

여름 방학을 맞아 가족들과 한적한 섬으로 캠핑을 갔어. 꿈에 그리던 캠핑이라니! 모두가 한껏 들떴지. 바닷가에 텐트를 치고 물놀이를 하다가 냄비에 밥을 지었어. 군침 도는 쌀밥이 완성됐지. 그런데 쌀을 씻을 때 모래바람이 불어서 모래가 쌀에 들어갔나 봐. 밥을 한 숟가락 뜨니 입안에서 모래가 서걱서걱 씹혀. 깨끗한 물로 여러 번 씻었는데도 말이지. 결국, 점심을 굶었어. 쌀을 물로 씻었는데도 모래를 없애지 못했다면 어떻게 해야 할까?

알갱이의 크기 차이를 이용해서 혼합물을 분리해 봐

쌀과 모래가 섞이면 혼합물이 돼. 둘 중에서 모래부터 먼저 없애야 하지. 이럴 때 체를 이용하면 알갱이가 작은 모래는 체 구멍으로 빠져나가고, 알갱이가 큰 쌀만 체 위에 남게 돼. 그러면 체 위에 남은 쌀로 제대로 된 밥을 지을 수 있어.

모래는 빠져나가고, 쌀알은 걸릴 만한 크기의 구멍이 좋아.

쌀과 모래의 혼합물에서 두 종류의 알갱이가 쉽게 나뉘었지? 물고기를 잡는 그물, 황사용 마스크, 공기 정화기, 방울토마토 분류기 등도 체를 사용한 방법처럼 알갱이의 크기가 다른 고체 혼합물을 편리하게 분리해 줘. 이렇게 알갱이의 크기가 다른 혼합물을 분리하는 방법을 **거름**이라고 해. 거름을 위해서 체나 헝겊, 필터 그리고 거름종이 등을 망으로 많이 사용하지.

- 어린 물고기는 잡지 않고 내보내 줄게.
- 황사와 중금속이 포함된 미세먼지를 막아라!
- 더러운 먼지는 필터로 걸러 내.
- 구멍 크기에 맞게 방울토마토가 떨어지면서 분류가 돼.

외딴섬에서 캠핑하면 모래가 말썽을 일으키거나, 물이 부족한 일도 종종 생겨. 물을 찾다가 겨우 흙탕물만 발견했다면 이 물을 마실 수 있을까? 이럴 때는 거름의 원리를 이용한 간이 정수기를 만들면 식수 걱정 끝!

01 먼저 페트병의 밑바닥을 잘라 내고, 병뚜껑에는 구멍을 뚫어.

02 자른 페트병을 뒤집어. 병뚜껑 바로 위에 망을 깔아.

03 망 위에 작은 자갈, 모래, 숯이나 나무껍질 등을 차례로 반복해서 쌓아.

04 맨 위에 굵은 자갈을 놓고 흙탕물을 부으면 아래로 맑은 물이 졸졸 흘러나와.

여러 번 거르면 좀 더 깨끗한 물이 돼!

강물을 수돗물로 만드는 것도 이와 같은 거름의 원리야.

밀도 차이를 이용해서도 혼합물을 분리해

깨끗한 바다에 검은 기름이 둥둥 떠 있어! 항해하던 배에서 기름 유출 사고가 났대. 액체인 물과 기름이 만났는데 왜 서로 섞이지 않고 기름이 물 위에 뜨는 걸까? 그건 기름이 물보다 밀도가 작기 때문이야. 서로 섞이지 않는 액체 혼합물에서 **밀도가 큰 액체는 밑으로 가라앉고, 밀도가 작은 액체는 위에 떠서 층을 이루게 돼.** 기름이 계속 물 위로 퍼지면 물고기와 해조류가 떼죽음을 당할지도 몰라. 더 멀리 퍼지기 전에 얼른 제거해야 해.

바다로 유출된 기름에 흡착포를 얹으면 기름이 쫙 흡수돼.

냄비에 삼계탕을 끓일 때 국물 위로 기름이 뜨면 국자로 떠내자.

물컵에 식용유를 쏟았을 때는 스포이트나 주사기를 사용해 꺼내기.

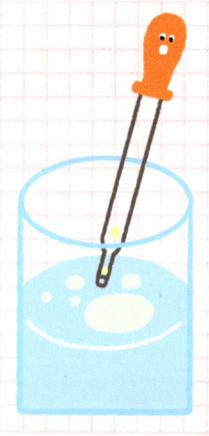

분별 깔때기를 이용해서 식용유와 물을 따로 분리할 수 있어.

밀도 차이가 나는 고체 혼합물을 액체에 넣어서 분리하는 방법도 있어. 고체를 액체 속에 넣으면 **밀도가 큰 고체는 가라앉고, 밀도가 작은 고체는 뜨지.** 그래서 쉽게 분리할 수 있어.

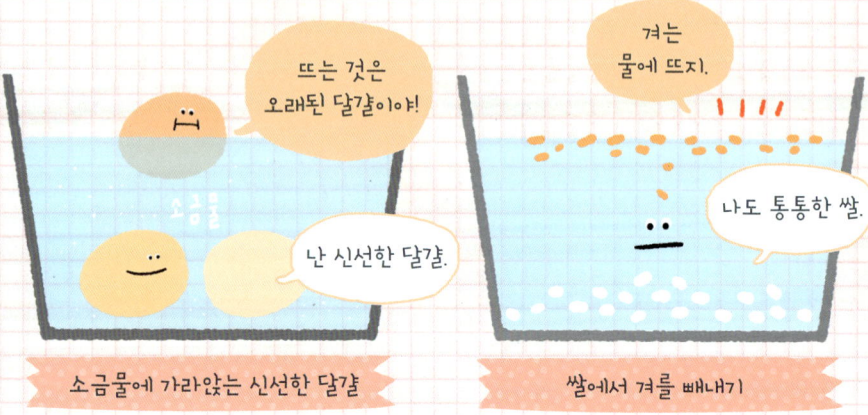

소금물에 가라앉는 신선한 달걀

쌀에서 겨를 빼내기

모래 속에서 사금 채취하기

자석에 붙는 성질을 이용해서 혼합물을 분리해

캠핑이 끝나고 열심히 쓰레기를 치웠어. 아차차, 통조림 캔과 음료수 캔을 하나로 묶어서 분리해 버렸어. 괜찮을까? 철 캔과 알루미늄 캔은 다른 종류이지만, 자동 분리기만 있으면 걱정 없어. 자동 분리기로 보내면 철 캔은 자석에 붙여서 골라내고, 알루미늄 캔도 따로 모으거든. 바로 철이 자석에 붙는 성질을 이용하여 분리하는 거야.

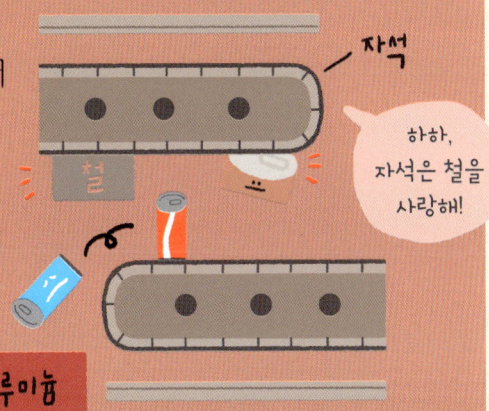

철이 자석에 붙는 성질을 이용하여 혼합물을 분리하는 것에는 또 어떤 것이 있을까? 폐차장에 가면 부서진 자동차 더미에서 커다란 자석으로 철을 골라내. 또한, 다 쓴 건전지는 잘게 부수어 쇠붙이를 자석으로 분리해 내지. 이렇게 분리된 철은 재사용돼. 값비싼 철을 다시 사용하면 경제적이고, 자원도 절약할 수 있어.

 **키노트**

알갱이의 크기가 다른 혼합물은 망을 이용하여 분리해. 밀도 차이가 나는 혼합물은 밀도가 크면 가라앉고, 작으면 뜨는 성질을 이용해. 자석에 붙는 물질이 섞인 혼합물은 자석을 이용하여 분리해.

미니퀴즈 궁금증 더하기

땅콩만 골라내서 먹는 방법은?

엄마가 멸치와 땅콩이 섞인 간식을 주셨어. 하지만 난 멸치를 빼고 땅콩만 먹고 싶어. 멸치만 빼내려면 어떻게 해야 할까?

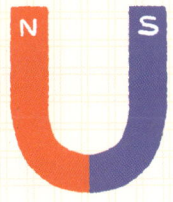

01 멸치에는 철분이 많이 들어 있잖아? 자석으로 멸치를 분리해.

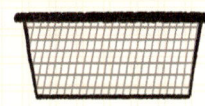

02 작은 멸치가 빠져나올 수 있는 작은 체로 거르자.

03 멸치를 좋아하시는 아빠와 함께 먹기!

멸치에 든 철분은 몸에 흡수가 잘 되는 이온 상태의 철이야. 이것은 중성 상태의 금속인 철과는 달라. 그래서 자석에 붙지 않아. 체로 멸치만 거르거나, 귀찮더라도 그냥 땅콩만 하나씩 집어먹으면 돼.

소금을 되찾을 수 있을까?

초4 혼합물의 분리
용해도 차이를 이용한 혼합물의 분리

어이쿠! 실수로 깨와 소금을 쏟아 버렸어. 엄마가 아시기 전에 해결해야 하는데 어쩌면 좋지?
깨와 소금을 하나하나 골라내긴 너무 힘들고, 크기가 비슷해서인지 체로도 나뉘지 않아. 급한 마음에 물을 부었더니 소금이 녹아서 깨를 챙길 수 있게 되었어. 다행이야. 하지만 아뿔싸, 사라진 소금은 어떻게 하지?

혼합물을 분리하려면 먼저 물질의 성질을 잘 살펴봐야 해

깨와 소금 혼합물에서 소금이 물에 잘 녹는 성질이 있음을 알아차렸구나!
소금이 물에 녹았다면 다음은 거름종이로 걸러 내. 그러면 소금은 물과 함께 거름종이
아래로 내려가고, 거름종이 위에는 깨만 남게 돼.

깨를 잘 모아 놓고, 소금물이 든 그릇은 그대로 둔 채
며칠이 지났는데 이게 웬일이지? 물이 없어지고
하얀 소금만 그릇에 다닥다닥 붙어 있어! 물이 모두
수증기로 증발해 버렸나 봐. 이처럼 소금이
녹아 있는 물을 햇볕에 말리거나 가열하면
물은 증발하고 소금만 남게 돼.
물에 잘 녹는 물질이 섞인 혼합물은
물에 녹인 후 증발시켜 분리해.

바닷물에서 소금을 얻을 때도 같은 원리지

바닷물은 소금 성분이 녹아 있는 액체 혼합물이야. 바닷물을 염전에 가두고, 햇볕과 바람을 쐬어 천천히 증발시키면 소금만 남게 돼. 이렇게 염전에서 증발시켜 얻은 소금이 바로 천일염이야. 또는 바닷물을 어느 정도 증발시킨 다음 끓여서 소금을 얻는 방법도 있어. 자염이라고 하는데 소금에 섞여 있던 불순물이 제거되어서 맛이 더 좋아.

천일염을 물에 녹여 끓이면 쓴맛이 없는 꽃소금이 돼!

깨와 소금 혼합물에서 소금을 물에 녹인 것처럼 우리 생활에서도 혼합물을 물에 녹여 특정한 물질을 분리하는 방법이 많이 쓰여. 가을이 되면 감이 주렁주렁 열려. 갓 딴 감을 베어 물었는데 퉤퉤, 떫은 감이야! 덜 익은 감에는 타닌 성분이 있어서 떫은맛이 나. 그런데 타닌은 물에 잘 녹는 성분이야. 그래서 떫은 감을 물에 담가 놓으면 타닌 성분만 빼내고 맛있게 감을 먹을 수 있어.

떫은 감을 물에 담가 놓으면 달콤한 감이 돼.

도토리묵은 도토리를 물에 담가 떫은맛을 빼고 만들어.

음! 모두 물에 잘 녹아 나오는 성분이네.

홍차와 녹차는 따뜻한 물에 넣어 찻잎 속에 있던 타닌을 우려내 마셔.

원두커피를 거름종이에 놓고 뜨거운 물을 부으면 커피 성분이 우려 나와.

한약과 물을 오랫동안 끓이면 한약 성분이 물에 녹아 나와서 약이 돼.

이렇게 혼합물에서 특정한 물질을 용해하는 물과 같은 액체를 용매라고 했었지? 용매를 사용하여 혼합물에서 어떤 물질을 분리하는 방법을 **추출**이라고 해. 그런데 추출에 사용하는 용매는 물만 있는 게 아니야. 만약 콩을 물에 담가 놓으면 콩기름이 우려 나올까? 어림없어. 콩에서 콩기름을 빼내려면 기름 성분을 잘 녹이는 용매가 필요해. 에탄올, 에테르, 아세톤, 벤젠 같은 용매들은 기름이나 색소, 고무 같은 것을 잘 추출하지. 이 용매들은 추출한 다음에 금방 증발해서 추출한 물질만 남게 돼. 이렇듯 **혼합물에서 물질을 추출하는 용매는 녹는 물질에 따라 달라져.**

미니퀴즈 궁금증 더하기

얼룩덜룩 여기저기에 묻은 얼룩을 어떻게 없앨까?

옷에 껌이 달라붙고, 음식물도 떨어뜨려서 얼룩이 잔뜩 생겼어. 옷을 세탁기에 넣고 빨래했는데, 물빨래만으로는 얼룩을 지우지 못했지. 얼룩은 종류마다 빼는 방법이 다르다고 해. 얼룩을 녹이는 물질을 알아보자!

얼룩은 성분에 따라 녹이는 용매가 달라. 크레파스는 벤젠 같은 유기 용매, 껌은 식용유, 토마토케첩은 식초, 홍차는 따뜻한 물로 세탁하면 얼룩을 지울 수 있어.

콩은 에테르를 사용해서 콩기름을 추출해.

당근의 주황색 색소인 카로틴은 에탄올에 잘 녹아.

시금치를 에탄올에 담가 엽록소를 추출해.

장미나 라일락 등의 꽃에서 향을 내는 성분을 에탄올로 추출하여 향수를 만들어.

키노트: 혼합물에서 특정한 물질을 용매를 사용하여 분리하는 방법을 추출이라고 해. 물과 에탄올, 에테르, 아세톤, 벤젠 등은 물질을 추출하는 용매로 쓰여.

석유가 변신한다고?

초4 혼합물의 분리
끓는점 차이를 이용한 혼합물의 분리

"그거 알아? 석유로 옷과 모자, 신발을 만들어!" 누나의 이야기에 깜짝 놀랐어. 지금 내가 쓴 모자, 입은 티셔츠와 바지, 신고 있는 운동화가 모두 석유로 만들어졌다고? 도무지 믿기지 않아! 이것들은 모두 고체인데 석유는 액체잖아? 게다가 내 물건 어디에서도 석유 냄새가 나지 않아. 킁킁, 가방이랑 필통에서는 석유 냄새가 조금 나는 것 같기도 해. 그럼, 우리는 온통 석유에 둘러싸여 있는 걸까? 석유의 변신에 대해 알려 주세요!

석유는 사실 우리 생활 곳곳에 숨어 있어

석유는 자동차 연료로 쓰이고, 옷이나 학용품을 만드는 데도 사용돼. 땅속에 있던 시커멓고 고약한 냄새가 나는 석유가 연료와 생활용품이 된다니 놀랍지? 석유의 변신 과정이 궁금하다면, 먼저 바닷물을 마실 수 있는 순수한 물로 만드는 방법부터 알아보자.

냄비에 바닷물을 담고 펄펄 끓이면 물이 수증기가 되어 나와. 수증기에 차가운 뚜껑을 대면 물방울이 맺혀. 이 물방울을 모으면 마실 수 있는 순수한 물 완성! 그런데 바닷물을 끓이면 왜 물이 먼저 수증기가 되어 나오는 걸까?

바닷물에는 여러 가지 물질이 녹아 있지만, 물은 끓는점이 낮아서 먼저 끓어 기체 상태로 되기 때문이야. 끓는점은 액체가 끓어서 기체로 변하기 시작하는 온도를 말해.

이렇게 끓는점의 차이를 이용하여 액체 혼합물에 있는 순수한 액체를 증발시킨 후 냉각하여 분리하는 방법을 <u>증류</u>라고 해.

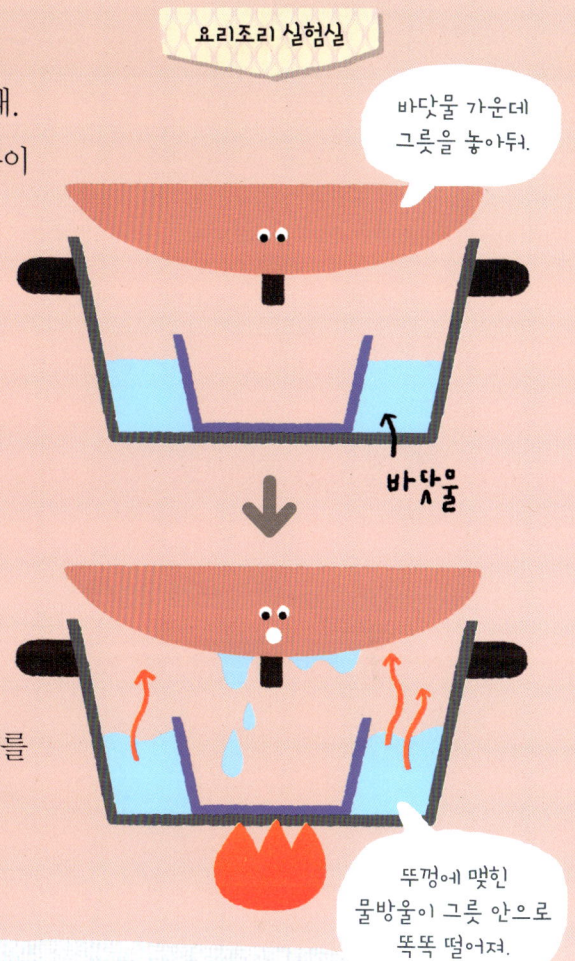

증류를 알았으니 이제 석유의 정체를 살펴보자

땅속에서 나온 검은 석유는 탁한 액체 혼합물이야. 자동차의 연료나 난방 연료로 중요하게 쓰이지. 석유는 어떻게 생기는 걸까?

석유는 오랜 세월 동안 바다 생물이 쌓이고 변해서 만들어진 물질이야.
이렇게 만들어진 석유에는 다양한 물질이 섞여 있어. 이 물질들을 분리해서 여러 곳에 사용하고 있지. 액체 혼합물인 석유도 바닷물처럼 증류해서 혼합물을 분리할 수 있을까?
맞아. 석유도 끓는점의 차이를 이용해서 증류해. 그런데 석유에는 끓는점의 차이가 크지 않은 여러 가지 물질이 섞여 있어. 그래서 특별한 증류 방법을 이용해.

석유를 분별 증류해 볼까?

끓는점의 차이가 크지 않은 물질이 섞여 있는 액체 혼합물에서 끓는점이 낮은 물질부터 차례로 성분 물질을 분리하는 것을 **분별 증류**라고 해. 석유를 분별 증류 장치를 이용하여 증류하면 끓는점이 낮은 물질부터 끓는점이 높은 물질까지 차례차례 분리되어 나와. 끓는점이 가장 낮은 LPG(액화 석유 가스)가 제일 먼저 나오고 가솔린, 나프타, 등유, 경유, 윤활유, 중유가 순서대로 분리돼. 그리고 아스팔트가 찌꺼기로 남아. 땅속에 묻혀 있던 석유에서 여러 물질을 차례차례 분리하는 방법을 이제는 알겠지?

분리된 석유는 다양하게 쓰여

석유는 일차적으로 여러 동력 장치에 연료가 돼. 그리고 석유에 다양한 물질을 섞으면 우리 생활에서 쓰는 많은 물건으로 재탄생해! 시커멓고 고약한 냄새가 나는 물질에서 깨끗하고 향기가 나기도 하는 물질이 되는 거야. 어떤 물건이 석유로 만들어졌을까?

우리는 온통 석유 화학 제품에 둘러싸여 있어!

- 자동차와 비행기의 연료
- 옷(합성 섬유), 비닐봉지
- 플라스틱 장난감, 플라스틱 그릇
- 의약품, 바셀린
- 샴푸, 화장품
- 페인트, 아스팔트

 키노트

증류는 끓는점의 차이를 이용하여 액체 혼합물에 있는 순수한 액체를 증발시키고 냉각하여 분리하는 방법이야. 끓는점의 차이가 크지 않은 액체 혼합물에서 끓는점이 낮은 물질부터 차례차례 물질을 분리하는 것을 분별 증류라고 해.

미니퀴즈 궁금증 더하기

석유를 이용해서 만들 수 있는 것을 찾아라!

01 많은 석유 제품이 우리 생활에서 쓰이고 있어. 다음 중에서 석유로 만든 제품이 아닌 것은 무엇일까?

① 비누
② 아스피린
③ 사카린(인공 감미료)
④ 왁스
⑤ 양초

02 1.5L 페트병 10개에 원유가 들어 있어. 이 원유로 팬티스타킹 몇 켤레를 만들 수 있을까? 스타킹 1켤레를 만드는 데 약 75mL의 석유가 사용돼.

① 약 10켤레
② 약 50켤레
③ 약 100켤레
④ 약 200켤레

정답

01 없다.
모두 석유를 가공해서 만든 석유 제품이야.

02 ④ 약 200켤레 정도 만들 수 있대. 셔츠는 약 3벌 정도 나온다고 해. 물론 큰 치수를 만든다면 개수가 적어지겠지?

금지된 약물은 NO!

초4 혼합물의 분리
크로마토그래피

올림픽 마라톤 경기에서 세계 기록이 나왔어. 열광한 관중은 환호성을 질렀지. 선수는 당당히 금메달을 목에 걸었어. 그런데 영광도 잠깐, 금지된 약물을 복용했기 때문에 금메달과 신기록을 박탈한다는 안타까운 소식이 들려왔어. 좋은 성과를 내고 싶어서 약물 복용이라는 유혹에 넘어가고 만 거야. 그런데 시합 전에 약물을 복용한 걸 어떻게 알아냈을까? 시치미 뚝 떼면 아무도 모르지 않을까?

금지된 약물을 어떻게 찾았을까?

운동 경기를 치른 선수가 금지된 약물을 복용했는지
알아보는 검사를 도핑 테스트라고 해.
도핑 테스트는 소변이나 혈액의 성분을 이용해서 검사하지.
소변과 혈액은 액체 혼합물이야. 이런 종류의 혼합물은 양이 적고,
비슷비슷한 물질로 이루어져 있어. 그래서 특별히
크로마토그래피라는 분리 방법을 사용해.

음! 이렇게 적은
한 방울의 혼합물이라면
분별 증류 NO!
크로마토그래피로
밝혀내자.

수상해. 확실히
보통 때와 달라!!

크로마토그래피로 사람의 소변이나 혈액을 분리하면
그래프에 거의 비슷한 모양이 나와. 하지만 금지된 약물을
복용하면 약물의 이동 속도가 달라서 그래프 모양도
달라져. 이것으로 약물을 복용했는지를 판단할 수 있어.

헉, 내가 보이다니!
과학 앞에서는 속일
수가 없군.

종이에 검정 사인펜으로 쓴 글자가 물에 젖으면 어떻게 될까?

검정 글자가 여러 가지 색깔로 퍼지는 요술 같은 일이 일어나!
이게 바로 크로마토그래피로 혼합물을 분리하는 것과 같은 원리야.
사인펜의 검정 잉크는 여러 가지 색소가 섞여 있는 혼합물이지.
검정 잉크를 물에 녹이면 빨강, 주황, 노랑, 초록 등 여러 색소가
따로따로 나오게 돼. 그리고 물과 함께 서로
다른 위치로 퍼져 나가. 검정 잉크를 이루는
색소 성분들이 분리된 거지.

오오! 위대한
예술 작품은 자는 동안
만들어지는군!

분리된 색소들이 서로 다른 위치로 퍼져 나가는 이유가 뭘까? 각각의 색소들은 이동하는 속도가 서로 달라서 다른 위치로 퍼져 나가. 거름종이에 여러 색깔의 사인펜으로 점을 찍어 봐. 그리고 거름종이 끝부분을 물에 살짝만 담가. 이때 사인펜으로 찍은 점이 물에 닿지 않게 조심해. 실험하면 색소 성분이 빠르거나 느리게 이동하는 걸 볼 수 있어. 실험 결과로 여러 색깔이 층을 이룬 사인펜 잉크의 크로마토그램, 즉 성분 띠를 얻게 돼. 이렇게 종이를 사용하는 크로마토그래피를 종이 크로마토그래피라고 해. 액체 혼합물에 섞인 물질을 기체 분자로 만들어 분리 관을 지나가게 해서 측정하는 방법도 있어. 이를 기체 크로마토그래피라고 부르지. 아주 적은 양의 물질을 알아낼 때 써.

헉헉, 역시 달리는 속도가 빠른 녀석은 따라잡을 수 없어. 난 지쳤어. 여기서 멈출래.

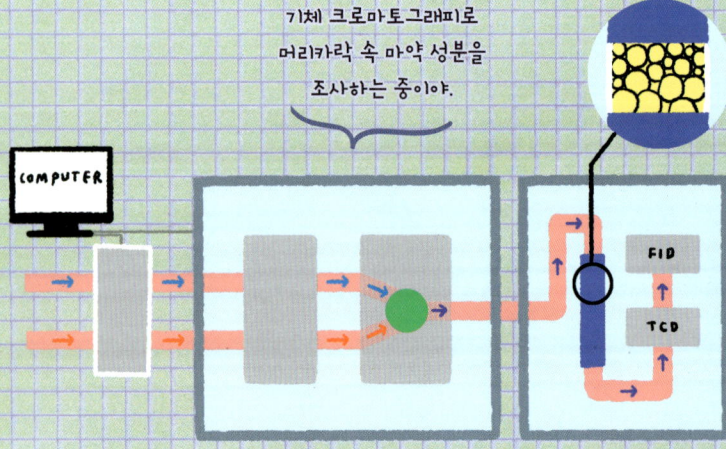

기체 크로마토그래피로 머리카락 속 마약 성분을 조사하는 중이야.

음~ 소변 검사보다 머리카락으로 하는 게 훨씬 정확하군.

크로마토그래피는 혼합물의 성분을 분석할 때 자주 이용해

누구나 간단하게 실험할 수 있고, 혼합물을 분리하는 시간도 짧아서 편리하지. 또한, 혼합물의 양이 조금밖에 없거나, 성질이 비슷한 혼합물도 거뜬히 분리할 수 있어. 그럼 우리 생활에서 어떤 일에 크로마토그래피를 이용하고 있는지 알아볼까?

01 범죄 현장에 찍힌 핏자국을 수거해서 범인의 혈액형을 알 수 있어.

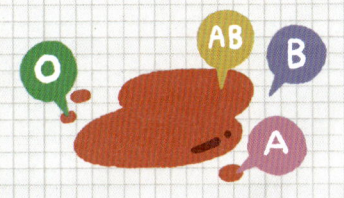

02 폭발물을 알아낼 수 있지.

03 농약, 독극물, 독가스가 들어 있는지 알 수 있어.

04 화장품에 든 방부제 양을 확인할 수 있어.

05 대기 중에 이산화 탄소나 다이옥신 농도 등을 측정해.

06 음식에 들어 있는 유해 물질을 분리해.

> **키노트** 크로마토그래피는 성분 물질이 이동하는 속도 차이를 이용하여 혼합물을 분리하는 방법이야.

미니퀴즈 궁금증 더하기

크로마토그래피로 할 수 없는 검사는 어느 것일까?

01 죽은 지 100년이나 지난 나폴레옹의 머리카락 성분을 분석해서, 나폴레옹이 암살을 당했다는 사실을 밝혀냈대.

02 크로마토그래피를 아주 작게 만들어 1975년 화성을 탐사하는 우주선에 부착시켰어. 행성의 대기를 분석하는 데 사용했지.

03 기원전 1985년부터 기원후 395년 사이에 만들어진 미라 13구가 어떤 원소를 얼마나 가졌는지 분석하는 데 이용했어.

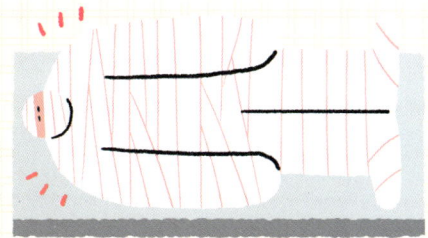

모두 다 했다니! 놀라운걸?

녹이고 굳히고, 예쁜 초콜릿 만들기!

초3 물질의 상태

"아뿔싸!" 선물로 받은 예쁜 초콜릿을 가방에 넣고 깜빡 잊어버렸어. 얼른 꺼내 봤더니 다 녹아서 모양이 망가져 버렸네. 어떡하지?
"걱정하지 마!" 오빠가 초콜릿을 그릇에 담더니, 더운물에 그릇을 넣고 중탕했어. 그러자 초콜릿이 물처럼 녹기 시작했지. 오빠는 녹은 초콜릿을 세모, 네모, 하트 모양 틀에 붓고 냉장고에 넣었어. 두근두근! 초콜릿은 어떻게 될까?

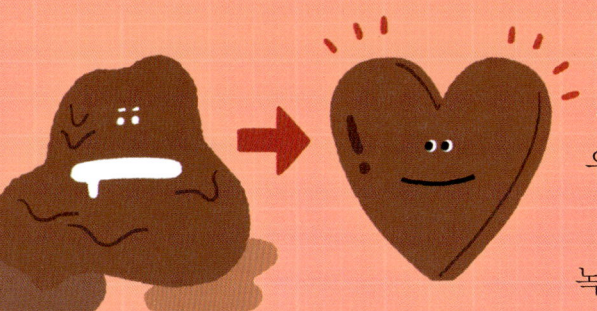

녹아서 흐물흐물하던 초콜릿이 냉장고에 들어가면 어떻게 될까?

우아, 딱딱하게 굳어서 세모, 네모, 하트 모양의 예쁜 초콜릿으로 다시 태어났어. 초콜릿에 들어 있는 버터 같은 기름 성분이 녹았다 굳었다 하면서 고체 초콜릿이 액체가 되고, 액체 초콜릿이 고체가 된 거지. 이처럼 물질은 고체에서 액체로, 액체에서 고체로 변할 수 있어. 물질이 고체, 액체, 기체의 한 상태에서 다른 상태로 변화하는 것을 **상태 변화**라고 해.

열은 상태 변화를 일으키는 원인 중 하나야. 초콜릿을 불에 올려놓고 열을 가하니 고체가 액체가 되고, 차가운 냉장고에 넣어서 열을 뺏으니 액체가 고체로 되었어. 즉 열을 흡수하거나 방출하면서 상태 변화가 일어났지. 초콜릿처럼 다른 고체도 녹을 수 있을까? 열만 있으면 얼마든지 가능해. 제철 공장에 가면 단단한 철을 뜨거운 용광로에 녹이는 걸 볼 수 있어. 물론 액체로 된 철을 굳히면 다시 고체가 돼.

고체, 액체, 기체는 분자 배열이 달라

고체는 분자가 서로 단단히 붙어 있어. 액체는 고체보다 분자가 활발히 움직여서 좀 더 떨어져 있고, 기체는 분자가 가장 활발히 움직이는 상태야. 열을 받으면 받을수록 분자는 활발하게 운동하지. 만약 고체에 열을 가하면, 분자가 활발하게 움직이면서 서로 결합한 힘이 약해져 분자 간의 거리가 점점 멀어져. 그래서 액체 상태로 변해. 마찬가지로 액체에 열을 가하면, 분자들의 움직임이 활발해져서 분자 간의 거리가 멀어지고, 기체 상태로 변하지. 열을 가할수록 분자 운동이 빨라져 고체가 액체로, 액체가 기체로 상태 변화해. 반대로 열을 뺏으면 분자 운동이 둔해져서 기체가 액체로, 액체가 고체로 상태 변화가 일어나.

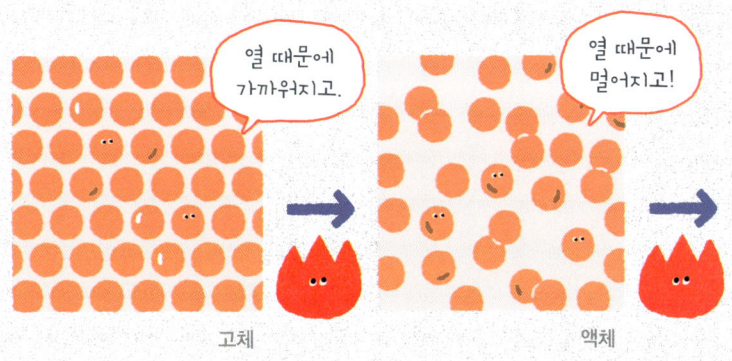

상태 변화는 다양하게 일어나고 각각 다른 말로 불러

고체가 액체로 녹는 것을 **융해**라고 해. 액체가 고체로 굳는 것은 **응고**라고 하지. 물질의 변신은 이게 끝이 아니야. 액체가 기체로 되는 것은 **기화**, 기체가 액체로 되는 것을 **액화**라고 해. 어떤 경우에는 액체로 되는 일 없이 고체가 곧바로 기체로 변하거나 기체가 곧바로 고체로 되는데, 이것은 **승화**라고 하지. 잘 쓰지 않는 낯선 말이라 어렵게 느껴질 거야. 하지만 한자 뜻만 알면 쉽게 이해할 수 있어.

1 융해(融녹을 융, 解풀 해)
얼음이 녹는 것, 따뜻한 빵에 바른 버터가 녹는 것, 촛농이 녹아서 흘러내리는 것, 철을 녹이는 것 등이 있어.

2 응고(凝엉길 응, 固굳을 고)
고깃국이 식으면 기름이 하얗게 굳는 것, 마그마가 식어 암석이 되는 것 등이 있지.

3 액화(液진 액, 化될 화)
공기 중 수증기가 풀잎에 맺혀 생기는 이슬, 안경이 뿌옇게 되는 것, 공기 중 수증기가 하늘에서 구름이 되고 비가 되어 내리는 현상 등이 있어.

4 기화(氣기운 기, 化될 화)
젖은 빨래가 마르고, 컵에 담긴 물이 줄어드는 것이 있어.

5 승화(昇오를 승, 華빛날 화)
겨울날 언 명태가 마르고, 나프탈렌이 작아지는 것은 고체가 기체로 변하는 승화 현상이야. 추운 겨울날 유리창에 끼는 성에와 늦가을 서리는 기체가 고체로 변하는 승화 현상이지.

물질이 상태 변화할 때 온도도 달라질까?

얼음에 열을 가하면 얼음이 조금씩 녹기 시작해. 이때 온도계로 온도를 재면 열을 가해도 온도가 올라가지 않고 0℃를 유지해. 열을 가하는데 왜 온도가 올라가지 않을까? 상태 변화하려면 열이 필요해. 열은 얼음이 물로 상태 변화하는 데 쓰이기 때문에 온도가 올라가지 않아. 얼음이 녹기 시작하는 이 온도를 **녹는점**이라고 해. 얼음이 다 녹아 물이 된 후에 계속 열을 가하면, 물 온도가 0℃에서 10℃, 20℃…로 쑥쑥 올라가. 그러다가 온도가 100℃ 부근이 되면 더는 올라가지 않아. 100℃는 물이 끓어 수증기로 변하기 시작하는 온도야. 이때 물이 수증기로 변하는 데 열이 쓰이기 때문에 온도가 변하지 않지. 액체인 물이 끓어 기체인 수증기로 변하는 온도를 **끓는점**이라고 해.

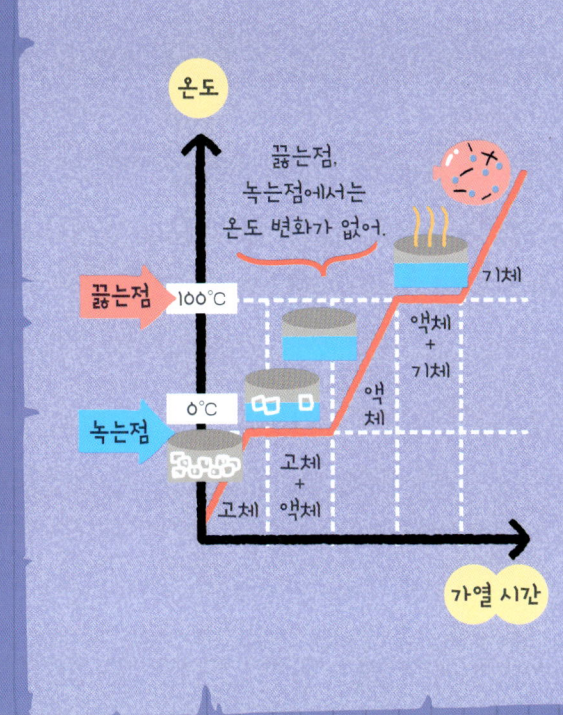

> **키노트** 물질이 열을 흡수하거나 방출하면 물질 자체는 변하지 않지만, 고체, 액체, 기체 같은 물질의 상태가 다른 상태로 변할 수 있어.

미니퀴즈 궁금증 더하기

승화 현상이 없었다면 우주인은 굶는다고?

3, 2, 1 발사! 멋진 우주선이 우주를 향해 날아가고 있어. 그런데 우주인들은 우주에서 무엇을 먹고 생활할까?

우주인들의 식량은 승화 작용을 이용해서 만든다는 것 알고 있니? 우주 식품은 대부분 냉동 건조 방식으로 만들어. 냉동 건조 식품은 먼저 음식물을 얼려 음식 속의 수분을 얼음으로 만들고, 영하의 온도에서 얼음을 수증기로 승화시켜 수분을 제거해 만들지.
라면 같은 인스턴트식품에 들어 있는 가루도 냉동 건조 방식으로 만든 거야. 이처럼 승화 작용은 우리 생활 곳곳에서 다양하게 활용되고 있어.

웅덩이의 물은 어디로 갔을까?

초4 물의 상태 변화

물과 수증기

"앗, 차가워!" 학교에 급히 뛰어가다가 물이 괸 웅덩이에 발이 빠졌어. 새벽에 내린 비가 고여 운동장에 웅덩이가 생겼는데 미처 보지 못한 거야. 화가 났지만 지각할까 봐 교실로 급히 뛰어갔어. 점심시간에 웅덩이를 흙으로 메우려고 운동장에 나와 보니, 웅덩이에 고여 있던 빗물이 온데간데없이 사라져 버린 거야! 빗물은 어디로 간 걸까?
땅속으로 스며들었을까?
하늘로 올라갔을까?

웅덩이에 고인 물이 사라졌듯이 물이 감쪽같이 숨어 버리는 경우를 날마다 볼 수 있어

비에 젖은 길이 순식간에 마르고, 컵에 담아 둔 물이 밤사이 줄어들고, 젖은 우산을 펼쳐 두면 우산에 묻은 빗물이 곧 마르지. 물에 발이라도 달린 걸까? 우리 눈에 보이지 않지만, 물 표면에서 물이 수증기로 상태 변화하여 공기 중으로 날아가는데 이것을 **증발**이라고 해. 웅덩이에 고인 물, 젖은 길, 컵에 담긴 물, 젖은 우산의 표면에서도 물이 증발했기 때문에 물기가 없어지고 잘 마르는 거야.

- 물은 사라지지 않아. 단지 상태만 바꿀 뿐!!
- 알았어. 눈에 보이지 않지만, 공기 중에 수증기로 있다는 거지?
- 웅덩이의 물은 하늘로 올라갔군!

물이 수증기로 변하는 현상을 냄비로 물을 끓일 때도 본 기억이 나!

맞아. 물이 끓으면 수증기로 변해. 물이 수증기로 변하는 방법은 증발과 끓음, 2가지가 있지. 증발은 서서히 물 표면에서 수증기로 상태 변화가 일어나는 현상이야. 서서히, 느리게 일어나기 때문에 눈에 잘 뜨이지 않아. 반면에 **끓음**은 물 표면뿐만 아니라 물속에서부터 거품이 발생하면서 빠르게 물이 수증기로 변하는 현상을 말해. 물을 가열하면 온도가 높아져서 물 분자가 활발하게 움직이므로 일어나지.

증발
액체 표면에서 천천히, 어떤 온도에서든지 일어나.

위에서부터 천천히, 천천히.

끓음
액체 내부와 표면에서 빨리, 끓는점 이상의 온도에서 일어나.

튀어 나가자. 야호!

증발은 주변 조건에 따라서 잘 일어나기도, 일어나지 않기도 해.
어떤 때 증발이 잘 일어날까?
젖은 머리나 빨래가 언제 잘 마르는지 생각해 보면 쉽게 알 수 있어.

1
온도가 높을수록 잘 일어나.

2
표면이 넓을수록 잘 일어나.

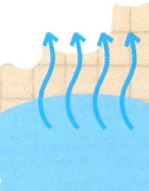

3
바람이 세게 불수록 잘 일어나.

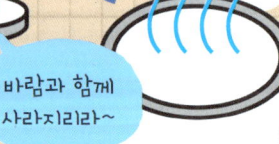

바람과 함께 사라지리라~

4
공기가 건조할수록 잘 일어나.

물이 수증기로 변하여 공기 중으로 날아간다면, 반대로 공기 중의 수증기가 물로 변하는 일도 있을까?

물론 있지. 증발과 반대로 공기 중의 수증기가 차가운 것과 만나면, 온도가 내려가고 열을 빼앗기면서 물로 변하는데 이것을 **응결**이라고 해. 찬물과 얼음이 담긴 유리잔 표면에 물방울이 맺히는 것을 본 적 있을 거야. 공기 중 수증기가 응결하는 현상이지. 얼음물이 든 물통을 가방에 넣었더니 물통 곁에 물방울이 생겨서 책이 다 젖었던 적도 있을 거야. 이것도 응결 현상이지.

컵 속의 물이 새어 나온 게 아니라고?

물이 흘러나온 줄 알았더니 응결 때문이었어.

공기 중 수증기가 찬 컵에 닿아 물방울로 변한 거야.

키노트

물이 수증기가 되는 방법은 증발과 끓음, 2가지가 있어. 증발은 서서히 물 표면에서 수증기로 상태가 변하는 현상이고, 끓음은 물을 가열할 때 물속과 물 표면에서 수증기로 상태가 변하는 거야. 반대로 수증기가 냉각되어 물방울이 만들어지는 현상은 응결이라고 해.

미니퀴즈 궁금증 더하기

안녕, 응결!

응결 현상은 우리 생활 속 여기저기에서 많이 일어나. 한번 찾아볼까?

01 풀잎과 거미줄에 맺힌 이슬

이슬은 공기 중의 수증기가 아침에 기온이 낮아서 열을 뺏겨 물로 변한 거야. 식물의 잎에서 나오거나 거미가 배설한 것이 아니니 오해하지 마! 이슬은 아침 햇빛이 비치면 햇빛의 열을 받아 수증기로 변해 공기 중으로 사라져.

02 안경에 서리는 김

안경 끼는 친구들! 추운 곳에서 따뜻한 방으로 들어갈 때 안경에 김이 서려 불편하지? 이것도 응결 현상이야. 따뜻한 방의 공기 중에 있던 수증기가 차가운 안경에 닿아서 물방울이 된 거지.

또 어떤 것이 있을까?

힌트! 샤워 후 화장실에서 찾아봐.

이글루 안에 물을 뿌리면 더 따뜻해진다고?

초4 **물의 상태 변화**
물의 상태 변화와 에너지

알래스카에서 살다 온 이누이트인을 만났어. 이누이트인은 이글루(igloo)라는 얼음집에 살기도 한다는 사실이 떠올랐지. 이글루는 추울 때 어떻게 난방을 하는지 궁금해서 물었어. 이누이트인은 "얼음으로 만든 이글루 벽에 물을 뿌리면 따뜻해요."라고 답했어. 세상에 믿기지 않아! 물을 뿌리면 시원해지는 거 아닌가?

무더운 여름날,
길이 후끈후끈 달아오른 걸 느껴 본 적이 있니?

뜨거운 햇볕을 받아 길이 데워지면 길바닥으로부터 열이 전해져 와. 특히 시멘트를 깔아 놓은 길은 흙으로 된 길보다 더욱 뜨거워. 이때 소나기라도 쏴 하고 한바탕 내리면 뜨겁던 길은 금세 차갑게 식어. 비가 오지 않을 때는 물을 쫙 뿌리면 물이 금방 마르면서 시원해지기도 해. 비가 오거나 물을 뿌리면 왜 뜨거워진 길이 시원해지는 걸까?

액체인 물은 열을 얻으면 기체인 수증기로 변해서 공기 중으로 날아가. 이때 날아가면서 주변의 열을 빼앗아 가기 때문에 주변은 시원해져.
더운 여름날 길에 빗물이나 물을 뿌리면, 물이 길바닥에서 열을 얻어서 수증기가 되어 공기 중으로 증발하기 때문에 길 주변이 시원해지는 거야.
솜에 알코올을 묻혀 손등에 발라 봐. 시원하지? 알코올을 손등에 발랐을 때 시원한 느낌이 드는 것도 액체인 알코올이 기체로 변하면서 내 몸에서 열을 빼앗았기 때문이지. 이렇듯 액체가 열을 얻어 기체로 변하면 주변 온도가 낮아져.

이제 이글루 벽에 물을 뿌릴 때를 생각해 볼까?

찬 얼음에 닿은 물은 어떻게 될까? 물은 얼음으로 변해. 물이 온도가 낮아지면서 고체인 얼음이 되는 거야. 이때 물이 가지고 있던 열을 내보내서 이글루 안은 따뜻해져. 이글루는 액체가 열을 잃고 고체로 변할 때 그 열이 주변으로 나와서 주위가 따뜻해지는 성질을 이용하여 난방하지.

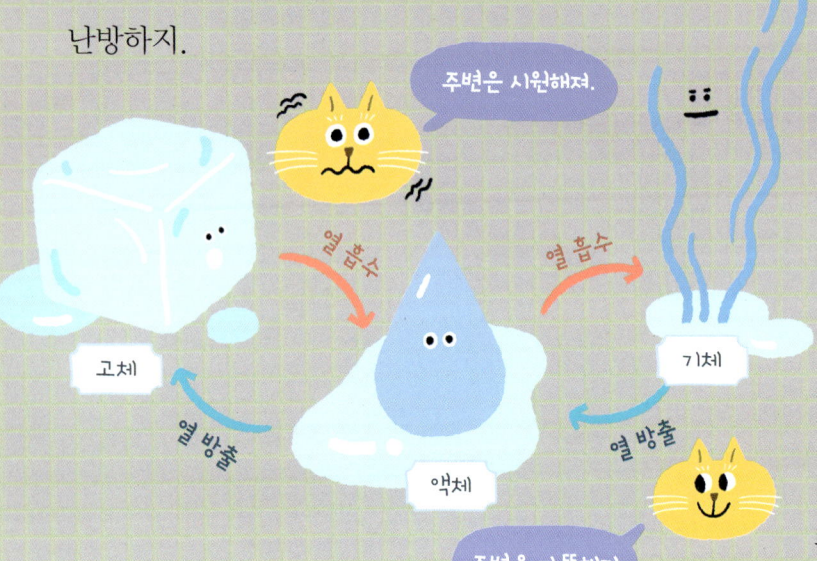

얼음이 녹아 물이 되거나 물이 수증기로 증발할 때는 주변의 열을 흡수하므로 주변이 시원해져. 반대로 기체인 수증기가 물이 되거나 액체인 물이 고체인 얼음이 될 때는 열을 방출하므로 주변이 따뜻해져. 이렇게 상태 변화가 일어나면, 주변의 열을 흡수하거나 방출하면서 주변 온도를 변화시켜.

추운 겨울날 꽁꽁 언 손이나 발을 따뜻하게 감싸 주는 손안의 난로 핫팩!

핫팩은 여러 종류가 있어. 그중에서 액체로 된 것은 액체가 고체로 될 때 열을 발생하는 원리를 이용해. 액체로 된 핫팩에는 금속 똑딱이가 들어 있어. 이것을 몇 번 꺾어 주면 순식간에 액체가 고체로 되면서 따끈따끈한 손난로가 돼. 액체가 고체로 되면서 열을 내놓기 때문에 따뜻해지는 거야. 딱딱해진 핫팩을 뜨거운 물에 담그면 열을 얻어서 다시 액체 상태로 변하므로 여러 번 사용할 수 있어.

키노트 물이 수증기로 될 때 열을 흡수해서 주변 온도가 낮아져. 물이 얼 때 열을 내놓아서 주변 온도가 높아져. 이처럼 상태 변화는 주변 온도를 변화시켜.

미니퀴즈 궁금증 더하기

물-얼음 난로를 이용해 볼까?

물이 얼면서 주변을 따뜻하게 한다니 물-얼음 난로인걸?
날씨가 추울 때 물-얼음 난로를 이용한 것들을 알아보자.

01 과일 저장 창고에 쓰였어!

옛날 사람들은 과일 저장 창고에 물 항아리를 놓아두었어. 이렇게 하면 항아리 속의 물이 얼면서 열을 내놓게 되지. 덕분에 과일 저장 창고 안을 바깥보다 조금 더 따뜻하게 유지해서 과일이 어는 것을 막았어. 전기를 전혀 쓰지 않고 난방을 한다니 놀라운걸!

02 제주도에서 감귤 농사에 쓰여!

갑자기 날씨가 추워지면 농작물이 어는 피해를 볼 수 있어. 이때 농작물에 물을 뿌리면, 물이 얼 때 생기는 열로 농작물이 얼지 않지. 이 원리는 제주도에서 감귤을 키울 때 많이 이용해.

책이 젖으면 얼리라고?

한가한 일요일 오후, 시원한 물 한 잔 마시며 독서나 해 볼까? "으악~ 망했다. 어떡하지?" 컵에 담긴 물을 쏟아 책이 젖었어. 더구나 누나가 가장 아끼는 책이야. 누나는 침 묻히며 책장을 넘기는 것도 싫어하는데 물을 왕창 쏟았으니 화낼 게 분명해. 누나가 모르게 젖은 책을 원상 복구할 좋은 방법이 없을까?

초4 물의 상태 변화

물과 얼음

젖은 책을 다시 원래 모습으로 만들 방법이 있을까?

먼저 마른 수건으로 물기를 최대한 닦아 내고 햇볕에 말려 볼까? 아니면 한 장, 한 장 선풍기나 헤어드라이어로 바람을 쐐 최대한 빨리 말려 볼까?

여러 가지 방법으로 말려 봐도 책이 울퉁불퉁 부풀어 올라 젖은 흔적이 많이 남을 거야. 하지만 걱정하지 마. 물에 젖은 책을 원상 복구할 방법이 있어. 마른 수건으로 물기를 최대한 닦아 낸 책을 냉동실에 넣어 얼려 봐. 그리고 5시간 정도 후에 한번 꺼내 봐. 그럼 거의 원래 책처럼 돌아와. 놀랍지?

물에 젖은 책을 냉동실에 넣어 두면 어떻게 원래 모양으로 되돌아오는 걸까? **액체인 물은 고체인 얼음이 될 때 부피가 늘어나는 성질이 있어.** 물이 얼 때 부피가 늘어나는 성질을 직접 확인해 볼까? 소풍 갈 때 얼음물을 가져가려고 페트병에 물을 넣고 얼리면 페트병이 뚱뚱해져서 잘 서지 않았던 적 있지? 기억나지 않는다면, 지금 당장 페트병에 물을 담아서 냉동실에 얼려 봐! 페트병이 뚱뚱해지는 건 물이 얼음이 되면서 부피가 늘어나기 때문이야. 또는 얼음 틀에 물을 딱 맞게 채우고 얼리면 항상 얼음이 위로 솟아올라. 물이 얼면서 부피가 늘어났기 때문이지.

책의 원료인 종이는 어떻게 만들까?

종이는 식물에서 뽑은 섬유질을 물에 푼 다음, 눌리고 말리는 과정을 거쳐서 만들어. 종이가 물에 젖으면 쭈글쭈글해지는 것은 눌러서 평평하게 다져 놓은 섬유질이 흐트러지기 때문이야. 그런데 냉동실에 젖은 책을 넣으면 종이에 묻은 물이 얼면서 물의 부피가 늘어나. 넓어진 물 사이에 공간으로 섬유질이 들어와서 평평한 모양을 유지하게 되지. 그래서 책이 쭈글쭈글해지는 것을 막을 수 있어. 빨리 얼릴수록 섬유질이 덜 흐트러져서 책을 원상태에 가깝게 돌려놓을 수 있어.

물이 얼면서 부피가 늘어나는 것은 매우 특별한 일이야

왜냐고? 대부분 물질은 액체에서 고체로 될 때 부피가 줄어들어. 물질을 이루는 분자 사이의 간격이 가까워지기 때문이지. 그런데 물은 물 분자들이 육각형을 이루며 얼기 때문에 분자 사이에 공간이 생겨서 부피가 늘어나.

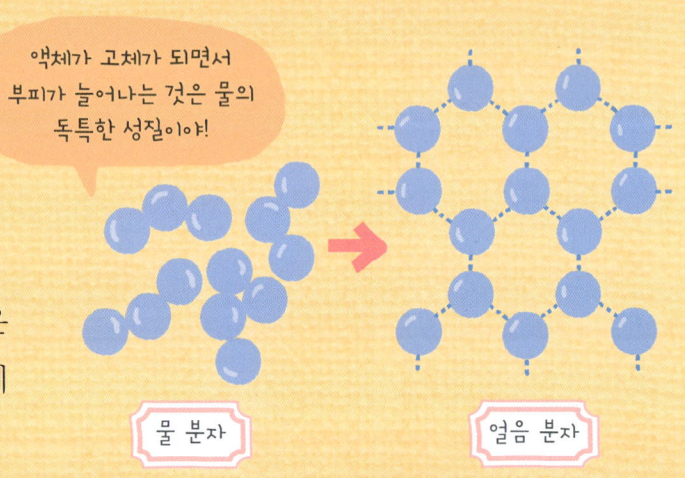

물이 얼면 부피가 늘어나기 때문에 조심해야 할 일도 많아. 어떤 일들이 있을까?

01 유리병에 물을 얼리면 안 돼. 물이 얼면서 병이 깨질 수 있어.

02 추운 겨울날, 수도관이 얼어 터질 수 있어. 안 입는 옷이나 남는 천으로 미리미리 수도관을 따뜻하게 감싸 줄 것!

03 날씨가 추우면 보일러가 터져. 보일러 안에는 물이 흐르는데 밖에 노출된 보일러 관의 물이 얼면서 보일러가 터질 수 있어.

04 추운 겨울날, 장독에 물을 가득 담아 두면 깨질 수 있어.

물이 얼 때 부피가 늘어나기 때문에 얼음은 물 위에 뜨게 돼

물이 얼어 얼음이 되면 질량은 변하지 않고 부피가 늘어나서 밀도가 낮아져. 부피가 늘었는데 왜 질량은 변하지 않을까? 부피가 늘어난 것은 분자 사이의 간격이 멀어졌기 때문이지 분자가 많아지거나 적어진 게 아니야. 따라서 질량은 변함없어. 얼음이 물 위에 뜨는지 직접 확인하려면 물이 담긴 컵에 얼음을 넣어 봐.

> 얼음은 물 위에 둥둥 떠!

> 물에 가라앉는 얼음은 없을까?

키노트: 액체인 물이 고체인 얼음이 되면 부피가 늘어나고, 질량은 변하지 않아.

미니퀴즈 궁금증 더하기

물이 얼음보다 가볍다면 어떤 일이 생길까?

얼음은 물보다 밀도가 작아서 물에 떠. 커다란 얼음덩어리인 빙산은 바다 위에 떠 있어. 호수나 강이 얼 때도 위부터 얼어서 얼음 밑에 물고기나 수중 생물이 살고 있지. 만약 물이 얼음보다 가볍다면 어떤 일이 생길까?

> **01** 빙산이 다 가라앉아서 북극에 동물이 살 수 없어. 북극곰은 어쩌지?

> **02** 겨울이 되면 물속에 물고기나 수중 생물이 살 수 없어. 강이나 호수가 바닥부터 얼기 시작하여 물 전체가 얼 테니 말이야.

> **03** 빙산이 바다에 가라앉아서 배가 빙산에 부딪힐 위험이 커져. 바닷물 속에 잠긴 빙산은 보기 어렵거든.

> 얼음이 물보다 가벼운 것은 행운이야!

빙판길을 없애라!

초5 용해와 용액
혼합물의 어는점

"빨리 일어나! 모두 눈 치우러 나가자!"
밤새 눈이 내려서 온 세상이 새하얗게 변했어. 눈 덮인 아름다운 풍경을 감상하기도 전에 모두 눈을 치우러 밖으로 모였지. 눈이 꽁꽁 얼어붙어서 집 앞은 빙판길로 변했어. 사람들은 넘어질까 봐 엉금엉금 거북이걸음으로 걸어 다녀.
"쓱싹쓱싹, 영차, 영차." 빗자루와 눈삽을 들고 열심히 치웠어. 그런데 얼어붙은 곳은 빗자루로 쓸어도, 눈삽으로 밀어도 눈이 잘 치워지지 않아. 밖에 오래 있었더니 손도 시리고 발도 시린데 꽁꽁 얼어붙은 길을 빨리 녹일 방법이 없을까?

꽁꽁 언 길은 미끄러워서 매우 위험해

언 길을 빨리 녹이려면 어떻게 하면 될까? 뜨거운 물로 얼음과 눈을 녹이면 어떨까? 그럴듯해 보이지만, 녹았던 얼음과 눈이 금방 다시 얼어붙을걸. 그럼 연탄재나 모래를 뿌려 볼까? 물론 좋은 생각이지만, 갑자기 연탄재나 모래를 어디에서 구하지? 한참을 궁리하는데 엄마가 하얀 가루를 길 위에 쫙 뿌리셨어. 그러자 얼음이 스르륵 녹기 시작했어!

얼음을 녹인 하얀 가루는 소금이야

얼음에 소금을 뿌리면 얼음이 녹아. 냉동실에서 얼음을 꺼내 그릇 2개에 나눠 담아. 한 곳에는 소금을 뿌리고, 다른 곳은 그냥 놔두면 소금을 뿌린 얼음이 빨리 녹는 걸 바로 확인할 수 있지.

물은 온도가 내려가면 액체에서 고체인 얼음으로 변해. 보통 0℃에서 얼기 시작하는데 이 온도를 **어는점**이라 하지. 얼음 상태에서는 -5℃ 정도까지 온도가 내려가기도 하지만, 특별한 이유가 없으면 얼음 상태를 유지해. 그런데 얼음에 소금을 뿌리면 주변 온도가 올라가지 않아도 얼음이 녹아서 물로 변해. 영하의 온도에서도 얼지 않고 액체 상태로 있는 거야.

물은 0°C에서 얼지만, 소금물은 −20°C 정도까지도 얼지 않아

물에 소금이나 다른 물질이 녹아 **혼합물이 되면 순수한 물보다 어는점이 낮아져**. 그 이유는 뭘까? 얼음은 물 분자들이 서로 끌어당겨서 뭉쳐 있는 구조야. 그런데 얼음에 소금을 뿌리면 소금 분자들이 물 분자 사이로 끼어들어서 얼음을 액체인 물로 변하게 해. 소금 분자가 물 분자를 잡아당겨서 물 분자가 서로 뭉치는 걸 방해하는 방해꾼 역할을 하는 거지. 그래서 소금물은 잘 얼지 않고, 물보다 훨씬 낮은 온도에서 얼게 돼.

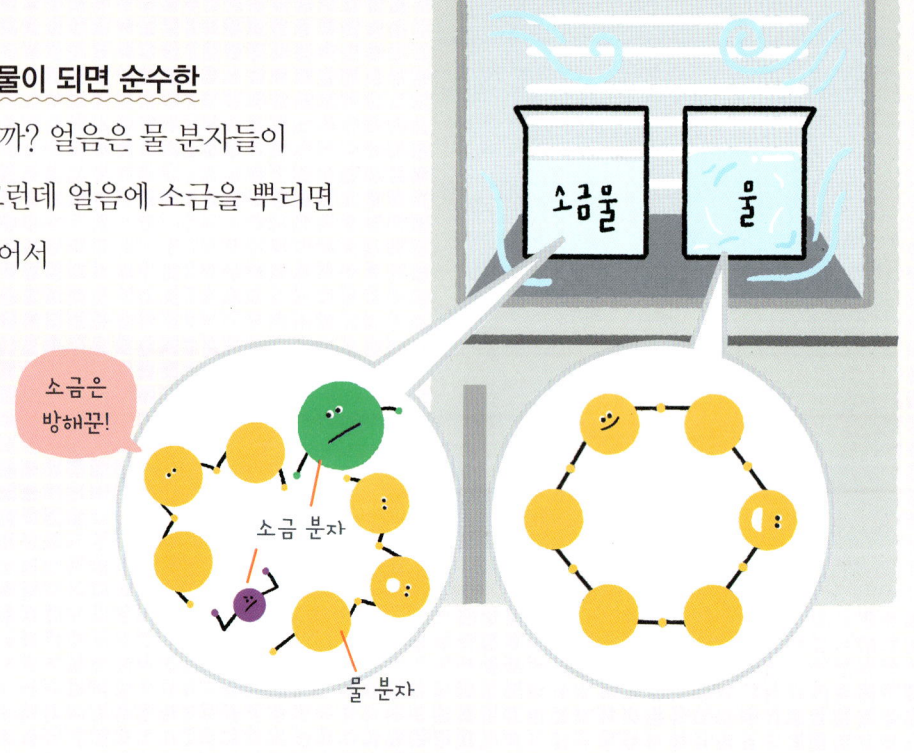

가정에서는 눈을 녹일 때 소금을 사용하지만, 큰길에 쌓인 눈을 치우는 제설차는 주로 염화 칼슘을 사용해. 염화 칼슘을 눈에 뿌리면 소금을 뿌릴 때보다 어는점이 더 많이 내려가. 염화 칼슘을 뿌리면 −50°C에서도 얼지 않지. 물론 이 온도는 뿌리는 소금이나 염화 칼슘의 양에 따라 달라져. 많이 뿌릴수록 많이 떨어지지. 그런데 염화 칼슘은 마구 사용하면 안 돼. 철을 잘 부식시키는 성질이 있기 때문이야. 그래서 눈 내린 길을 달린 후에는 자동차 아래쪽에 묻은 염화 칼슘을 깨끗이 닦아 내야 해. 자동차 아래쪽은 대부분 철이라서 염화 칼슘이 묻으면 부식하여 녹슬 염려가 있거든. 염화 칼슘을 소금과 섞어서 눈을 치우는 데 사용하기도 해. 그런데 소금에는 흙 속에 사는 생물에게 나쁜 영향을 끼치는 성분이 있으니 적당히 써야 한다는 것, 꼭 기억해!

혼합물의 어는점이 낮아지는 성질을 이용해 볼까?

냉장고가 없어도 얼음만 있으면 요구르트나 주스를 슬러시처럼 얼려 먹을 수 있어.

요리조리 실험실

01 비닐 팩에 얼음을 담고 소금을 넣어. 얼음과 소금은 3:1의 비율로 넣으면 좋아.

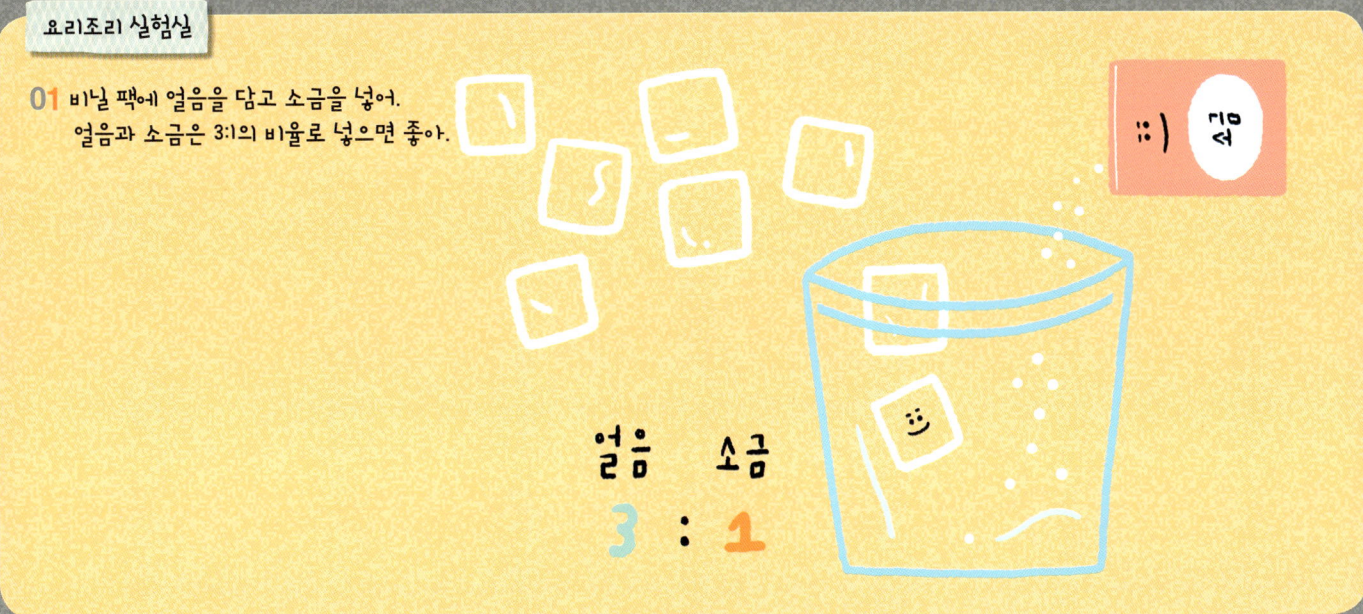

02 다른 비닐 팩에 요구르트나 주스를 넣어.

03 음료가 든 비닐 팩을 얼음과 소금을 넣은 비닐 팩 안에 넣고 흔들어 줘. 그러면 사각사각 시원한 맛이 나는 슬러시 완성!

얼음에 소금을 넣으면 어는점이 내려가. 얼음이 녹으면서 주변의 열을 흡수해서 비닐 팩 안의 온도는 급격히 영하로 내려가지. 그래서 요구르트나 주스가 얼게 돼.

우리 생활에서도 혼합물의 어는점이 낮아지는 성질을 이용해

대표적으로 자동차 부동액을 들 수 있어. 부동액은 말 그대로 '얼지 않는 액체'라는
뜻이야. 자동차가 달리면 엔진이 뜨거워져서 차갑게 식혀 줘야 해. 이때 쓰는 것이
냉각수야. 냉각수는 보통 물을 사용하는데, 겨울철에는 물만 사용하면 쉽게 얼 수 있어.
물이 얼면 부피가 늘어나므로 냉각수를 담은 통이 깨지고 말겠지?
그래서 냉각수에 부동액을 섞어 줘.
부동액 혼합물은 물보다 어는점이 낮아서 겨울에도
얼지 않고, 냉각수가 하는 역할을 잘 해내.

어는점이 낮아서 겨울에도 냉각수가 어는 걸 방지해.

키노트 혼합물은 순수한 물질보다 어는점이 낮아.

미니퀴즈 궁금증 더하기

재주 많은 소금!

다음 중 소금이 할 수 있는 일은 무엇일까?

01 음식을 맛있게 해 줘.

할 수 있어!
너무 싱거운 음식에 소금을 살짝 넣으면 음식 맛이 살아나.

02 언 길을 녹여 줘.

할 수 있어!
소금을 뿌리면 어는점이 낮아져서 눈길, 빙판길을 빨리 녹여. 단, 소금의 염소 성분이 땅이나 호수로 스며들면 동식물에 해를 끼치니 너무 많이 쓰는 건 안 돼!

03 음료수를 빨리 시원하게 해 줘.

빨리 시원하게 하려면 얼음에 소금을 넣어.

할 수 있어!
얼음에 소금을 섞으면 얼음이나 얼음물보다 온도가 훨씬 낮아져서 음료수가 빨리 시원해져.

왜 여름에도 부동액을 쓰지?

초5 용해와 용액

혼합물의 끓는점

"냉각수가 다 떨어졌네." 자동차 계기판에 냉각수가 떨어졌다는 빨간색 경고등이 들어왔어.
"부동액을 넣어야겠군." 그런데 엄마가 부동액을 넣어야겠다고 말씀하셨어. 부동액은 추운 겨울에 냉각수가 얼지 말라고 넣는 용액이야. 지금은 햇볕이 쨍쨍 내리쬐는 한여름이라 더워서 자동차의 냉각수가 얼 일이 없는데? 얼지 말라고 쓰는 부동액을 왜 한여름에도 사용하는 걸까?

자동차 냉각수로 물만 넣으면 추운 겨울에 얼어

냉각수에 부동액을 섞어 혼합물을 만들면 얼지 않아. 혼합물은 어는점이 내려가는 성질이 있어서 냉각수가 어는 것을 막을 수 있지. 그런데 요즘은 부동액을 사계절 내내 사용해. 왜 그럴까?

혼합물은 순수한 물질보다 끓는점이 높아.

소금물과 맹물을 끓이면서 온도를 재어 보면 알 수 있어. 맹물은 100℃에서 끓지만, 소금물은 100℃가 넘는 높은 온도에서 끓지.

소금물의 끓는점이 맹물보다 높은 이유가 뭘까?

소금물이 물보다 어는점이 낮았던 것처럼 소금 분자가 방해꾼 역할을 하기 때문이야. 소금물에 녹아 있는 소금 분자가 물 분자 사이에 끼어서 물 분자가 수증기가 되어 공기 중으로 날아가려는 것을 방해해. 액체인 물이 기체인 수증기로 변하려면 소금 분자의 방해를 뚫고 나가야 하므로 더 많은 에너지가 필요하지. 즉 소금물은 더 높은 온도로 열을 가해야만 끓게 되는 거야.
자동차 냉각수에 부동액을 넣으면 소금물처럼 어는점은 낮아지고, 끓는점이 높아져. 부동액 혼합물은 끓는점이 높아서 더운 여름날 엔진이 뜨거워져도 쉽게 끓지 않아. 혼합물은 증발도 느리게 일어나. 소금물 표면에 떠다니는 소금 분자가 물 분자의 증발을 어렵게 만드는 거지.

아빠나 엄마가 요리하실 때 자세히 살펴봐. 국수, 스파게티나 달걀을 삶을 때 소금을 넣어. 물에 소금을 넣으면 끓는점이 올라가서 더 높은 온도에서 면과 달걀을 삶을 수 있거든. 온도가 높아지면 더 빨리 요리를 해서 면을 더 쫄깃쫄깃하고 맛있게 삶을 수 있어.

언제나 물은 어는점이 0℃, 끓는점이 100℃인 것은 아니야

물질의 끓는점과 어는점은 상황에 따라서 달라져. 물에 다른 물질을 섞어서 혼합물이 되면 어는점은 내려가고 끓는점은 높아지듯이 말이야. 특히 끓는점은 **압력**의 영향을 많이 받아. 압력은 단위 면적이 수직으로 받는 힘이야. 물이 끓는다는 것은 수증기 분자가 외부의 압력을 이기고 공기 중으로 날아가는 것을 말해. 바깥의 기압과 수증기의 압력이 같을 때 끓기 시작하는 거지. 압력솥을 본 적 있니? 압력솥은 압력을 높여 주는 장치가 있어서 압력이 일반 냄비나 솥보다 높아. 압력솥의 압력이 높아지면 수증기의 압력도 그만큼 세져야 하므로 끓는점이 높아져. 압력솥에 한 밥은 일반 솥에 한 밥보다 찰지고 훨씬 맛있는데, 압력솥은 물의 끓는점이 높기 때문이야.

반대로 압력이 낮아지면 끓는점이 낮아져서 100℃ 이하에서도 물이 끓어. 이것은 산 위에 올라가서 물을 끓여 보면 알 수 있지.

지면에서는 기압이 1기압이지만, 위로 올라갈수록 기압이 낮아져

기압은 공기가 누르는 힘인데 산으로 높이 올라가면 공기의 양이 적어져서 기압도 떨어지지. 산에서 밥을 지으면 쌀이 잘 익지 않아. 100℃에 도달하기도 전에 물이 끓어서 쌀이 푹 익지 않기 때문이지. 그래서 냄비 위에 돌을 올려놓고 요리를 해. 돌이 누르는 압력을 더해서 물의 끓는점을 높이려는 거야.

산에서 요리를 할 때는 항상 산불 조심! 꼭 정해진 곳에서만 해야 해.

키노트 물에 다른 물질을 섞어 혼합물이 되면 끓는점이 높아져. 물의 끓는점은 압력이 높을수록 높아지고, 압력이 낮을수록 낮아져.

이 실험을 집에서 해 보고 싶은 친구는 혼합물로 소금물을 사용해 봐.

미니퀴즈 궁금증 더하기

맹물을 찾아라!

컵 2개에 물이 담겨 있어. 겉으로 보기에는 모두 순수한 물 같지만, 하나는 물이고 다른 하나는 물에 다른 물질이 섞인 혼합물이야. 이 중에서 어떤 게 물인지 찾아봐.

01 끓여 본다.

02 냉동실에 얼려 본다.

03 증발시켜 본다.

04 맛을 본다.

오, 아주 잘 배웠네.
2개를 끓여 보면 물은 100℃에서 끓고, 혼합물은 더 높은 온도에서 끓을 거야. 그런데 이 실험을 하려면 100℃ 이상을 재는 온도계가 필요해. 온도계가 없는 사람은 어렵겠지?

좋은 생각이야.
빨리 어는 게 순수한 물이고, 혼합물은 어는점이 낮으니 늦게 얼 거야. 온도계가 없어도 확인할 수 있어. 단, 너무 늦게 확인하면 2개 모두 얼 수 있으니 중간중간 확인하는 걸 잊지 마.

그렇지.
혼합물은 증발이 잘 일어나지 않으니까 빨리 증발하는 쪽이 물이야. 그런데 증발은 천천히 일어나서 실험하는 데 시간이 좀 걸려. 성격이 급한 친구들은 증발이 잘 일어나는 조건(80쪽)을 보고 그중에 1가지 방법으로 실험을 해 보면 빨리 끝낼 수 있어.

안 돼! 너무 위험해.
집에서 쉽게 구하는 설탕물이나 소금물로 실험하는 경우가 아니라면 먹지 마. 먹으면 위험한 것들이 더 많아.

탄산음료와 생수의 페트병은 같을까 다를까?

초5 용해와 용액
중1 물질의 성질
기체의 용해도

탄산음료와 생수 중에 어떤 걸 좋아해? 그때그때 다를 거야. 어떤 때는 탄산음료의 톡 쏘는 맛이 좋고, 어떤 때는 생수의 깔끔한 맛이 더 좋지. 그런데 페트병에 담긴 음료수나 물을 마실 때 페트병을 자세히 본 적 있니? 자세히 봤다면 탄산음료와 생수가 든 페트병이 서로 다른 것을 눈치챘을 거야.
탄산음료가 든 페트병은 생수병보다 더 두껍고 밑부분이 올록볼록한 꽃잎 모양으로 되어 있어. 왜 이렇게 병 모양이 다를까?

만약 탄산음료를 생수병에 넣으면 어떤 일이 일어날까?

냉장고에서 바로 꺼낸 탄산음료는 시원하고 톡 쏘는 맛이 나

피자나 치킨처럼 기름진 음식을 먹을 때는 톡 쏘는 맛이 더욱 상쾌하게 느껴져. 탄산음료는 설탕과 여러 가지 식품 첨가물을 넣은 용액에 이산화 탄소를 녹여 만들어. 이산화 탄소가 물에 녹았을 때 생기는 것이 탄산이라서 탄산음료라고 부르지. 탄산음료의 톡 쏘는 맛의 비밀은 탄산 때문이야. 탄산음료와 생수가 병 모양이 다른 이유도 바로 이 탄산 때문이지.

탄산음료를 만드는 재료인 이산화 탄소는 물에 녹지만, 그리 잘 녹는 편은 아니야. 보통의 조건에서 녹일 수 있는 만큼 최대로 이산화 탄소를 녹여도 톡 쏘는 맛을 내기 어려워. 톡 쏘는 맛을 내려면 이산화 탄소를 물에 더 많이 녹여야 해. 어떻게 하면 이산화 탄소를 더 많이 녹일까? 어떤 물질이 용매에 잘 녹는 정도를 **용해도**라고 해. 이산화 탄소의 용해도를 높이는 방법을 알면 맛있는 탄산음료 만들기에 성공할 수 있어.

탄산음료와 생수의 차이는 바로 탄산이야!

기체의 용해도를 높이고 싶다면?

설탕 같은 고체는 물을 뜨겁게 할수록, 즉 온도를 높일수록 많이 녹아. 고체의 용해도는 온도가 높을수록 커지고, 압력의 영향을 거의 받지 않아. 그렇다면 이산화 탄소 같은 기체는 어떨까? 기체는 고체와 정반대야. 온도가 낮을수록 많이 녹고, 압력의 영향도 많이 받아서 압력이 높을수록 용해도가 높아져.

어떻게 하면 이산화 탄소를 많이 녹일 수 있을까?

방법을 찾았어!

기체는 왜 온도가 낮을수록, 압력이 높을수록 용해도가 커지는 걸까?

기체는 온도가 낮을수록 기체 분자의 운동이 느려. 그래서 기체 분자의 운동이 액체 분자의 운동과 비슷해져서 액체 분자와 잘 섞이지. 또한, 압력이 높으면 기체 분자가 용액 밖으로 탈출하지 못해서 용액 속에 더 많은 기체가 녹아.

기체의 용해도는 온도가 낮을수록, 압력이 높을수록 커지니까 탄산음료를 만들 때 이산화 탄소를 많이 녹이려면 온도를 낮추거나 압력을 높이면 돼. 탄산음료는 압력을 높이는 방법으로 만들어. 지구 대기의 압력은 1기압이야. 탄산음료를 만들 때는 압력을 3~4기압으로 높여서 이산화 탄소를 더 많이 용해해. 그리고 페트병 안의 압력을 높이 유지한 채로 뚜껑을 꽉 닫으면 톡 쏘는 맛의 탄산음료가 완성되지.

이렇게 탄산음료는 3~4기압의 높은 압력으로 만들어져서 보관돼. 만약 탄산음료를 생수병에 넣으면 어떻게 될까? 생수병 밖의 기압은 1기압이므로 압력을 이기지 못하고 생수병이 팽창하여 불룩 튀어나와. 높은 압력의 내용물을 보관하려면 내부 힘을 견딜 수 있는 병이 필요해. 여러 가지 병을 만들어 시험해 본 결과, 병 밑이 꽃 모양이고, 병과 뚜껑이 생수병보다 더 단단한 재질로 된 것을 사용하게 된 거야. 그리고 병이 흔들리거나 충격을 받았을 때 탄산음료에 녹은 이산화 탄소가 빠져나오는 것을 막기 위해 병 끝에 공간을 남겨 두었지.

만약 내용물을 꽉 채워 공간이 없는 페트병을 마구 흔든 후 뚜껑을 열면, 이산화 탄소가 빠져나가는 압력 때문에 큰 사고가 일어날 수 있어. 그러니까 탄산음료가 조금 적게 들었다고 너무 기분 나빠하지 마!

미니퀴즈 궁금증 더하기

뚜껑을 연 탄산음료를 지켜라!

탄산음료를 남겼다면, 탄산음료 속의 이산화 탄소가 빠져나가지 않게 보관해야 해. 그래야 다음에 김빠지지 않은 탄산음료를 마실 수 있어. 그러려면 기체의 용해도를 최대한으로 높이는 환경에 보관해야 하겠지? 기억해, 기체의 용해도를 높이는 것은 낮은 온도, 높은 압력!

01 냉장고에 보관해

탄산음료를 냉장고에 보관하면 낮은 온도를 유지할 수 있어. 하지만 이것만으로는 충분하지 않아. 냉장고에 넣기 전, 뚜껑을 연 상태에서 페트병을 찌그러뜨린 후 다시 뚜껑을 닫아 보관해 봐. 페트병 안의 공간이 작아져서 이산화 탄소가 빠져나올 공간도 작아지므로 김빠지는 것을 조금은 막을 수 있어.

02 압축 마개를 사용해

페트병에 압축 마개의 고무 펌프로 공기를 넣어. 페트병 속의 압력을 높여서 기체의 용해도를 높일 수 있지.

03 흔들지 말고 보관해

페트병을 절대 흔들지 말고 조심스럽게 보관하면 김빠지는 것을 막는 데 도움이 돼.

키노트: 고체의 용해도는 온도가 높을수록 커지고, 압력의 영향을 거의 받지 않아. 기체의 용해도는 온도가 낮을수록, 압력이 높을수록 커져.

양파를 썰 때 왜 눈물이 날까?

초3 물질의 상태
초6 여러 가지 기체
기체의 성질

"뭘 만들까? 카레라이스 어때?", "좋아!" 오늘은 엄마 생신날! 맛있는 저녁을 차려서 엄마를 기쁘게 해 드리려고 해. 메뉴는 카레라이스로 정했어. 인도의 대표 음식인 카레는 양파, 감자, 당근, 카레 가루, 물만 있으면 손쉽게 만들지. 먼저 채소 껍질을 모두 벗겨 준비한 후, 도마에 놓고 먹기 좋게 썰어. 그런데 감자와 당근을 썰 때와는 달리 양파를 썰 때마다 닭똥 같은 눈물이 뚝뚝 떨어져. 양파를 썰 때는 왜 눈물이 날까? 눈물 젖은 카레라이스 말고 행복한 카레라이스를 만들 방법이 없을까?

양파를 썰면 왜 눈물이 날까?

양파는 매콤하면서도 단맛을 내서 카레라이스뿐만 아니라 자장면, 볶음밥 등 여러 가지 요리에 쓰여. 요리하려면 양파 정도는 자유자재로 다룰 수 있어야 해. 그럼 양파를 한번 손질해 볼까? 칼을 사용할 때는 칼날에 손을 베이지 않도록 특별히 조심해. 먼저 양파 껍질을 벗기면 하얀 속살이 나와. 양파 껍질을 벗길 때부터 매운 기운이 느껴지지만, 아직은 그리 맵지 않아. 하지만 양파를 자르면 얘기가 달라져. 반으로 자르고 또 반으로 자르고, 잘게 자르면 자를수록 매운 기운이 점점 심해지지. 눈이 따갑고 맵다가 글썽글썽 눈물이 맺히고, 콧물까지 줄줄 흐르게 될 거야. 양파가 묻은 손으로 눈을 비비지 않고, 양파즙이 눈에 튀지 않도록 조심조심 잘랐는데도 양파를 썰면 왜 눈물이 날까?

눈물의 비밀은 양파 세포에 든 2가지 성분에 숨어 있어

양파 세포에는 황 화합물과 알리나아제라는 효소가 있어. 이 둘은 보통 때는 분리되어 있어서 눈물샘을 자극하지 않아. 그런데 양파를 잘게 썰거나 다지면 세포가 파괴되면서 서로 반응하여 새로운 물질인 프로페닐스르펜산을 만들어. 이름도 어려운 이 물질에 또 다른 효소가 작용하여 눈물이 나게 하는 성분이 만들어져. 이것은 휘발성이 강해서 공기 중에 뿜어져 나와 날아다니다가 코와 눈으로 들어와. 그러면 우리는 눈물을 흘리게 되지. 훌쩍!

공기 중의 기체가 어떻게 눈물샘까지 올 수 있을까?

물질의 상태 중 하나인 기체는 일정한 형태가 없어. 기체를 이루는 기체 분자는 서로 멀리 떨어져 자유롭게 움직이기 때문에 무한히 팽창하며 어떤 용기든지 쉽게 채우지. 확인해 볼까?
작은 플라스틱 통에 드라이아이스를 넣고 입구를 막아 운동장 가운데 두면 어떻게 될까? 드라이아이스는 점점 사라지고 플라스틱 통이 팽팽하게 부풀어 올라서 뚜껑이 날아가지. 고체 드라이아이스가 기체로 변하면서 분자 사이의 거리가 멀어지며 퍼지기 때문에 플라스틱 통이 부풀어 오르다 뚜껑이 날아간 거야.

폭발할지 모르니 가까이 있으면 위험해.

주의

기체는 눈에 보이지 않고, 손으로 잡을 수도 없어. 그렇지만 기체 분자가 자유롭게 움직이며 멀리멀리 퍼져 나가 우리 눈과 코로 들어오기 때문에 우리 몸으로 느낄 수 있지.

> 키노트

기체 분자는 서로 멀리 떨어져 자유롭게 움직여. 그래서 기체는 무한히 팽창하며 어떤 용기든지 쉽게 채워. 기체는 눈에 보이지 않지만, 냄새로 느낄 수 있어.

미니퀴즈 궁금증 더하기
울지 않고 양파를 써는 방법은?

양파를 썰 때 눈물이 나지 않게 하려면 어떻게 해야 할까? 눈물 나게 하는 기체가 눈에 닿지 않으면 되겠지? 아래 방법 외에 나만의 방법을 생각해 봐.

삶은 달걀 껍데기가 깨지는 이유는?

초3 물질의 상태
초6 여러 가지 기체
온도에 따른 기체 부피
중1~3 분자 운동과 상태 변화

"으악! 또 깨진 게 이렇게 많다니."
오늘은 가족 소풍 가는 날! 달걀을 삶고 계시던 아빠가 울상을 지으셨어. 달걀 껍데기가 깨져서 달걀에 금이 가 버린 거야. 아빠는 가족 나들이를 갈 때마다 삶은 달걀과 사이다를 꼭 챙기시지. 그런데 달걀을 삶을 때마다 껍데기가 깨져. 달걀 껍데기는 왜 깨지는 걸까? 달걀 껍데기가 깨지지 않게 달걀을 삶는 방법이 없을까?

아빠가 달걀을 어떻게 삶는지 한번 볼까?

01 냉장고에서 달걀을 꺼내.

02 달걀을 냄비에 넣고 달걀이 잠길 정도로 물을 부어.

03 냄비에 소금을 조금 넣고 센 불로 달걀을 삶기 시작해.

물이 끓어. 7~8분 지나면 맛있는 반숙이 돼!

아하! 달걀 껍데기가 왜 깨졌는지 알겠어. 달걀 껍데기가 깨진 것은 기체가 열을 받아 온도가 높아지면 부피가 늘어나는 성질 때문이야. 기체는 온도가 높아지면 기체를 이루는 분자가 에너지를 얻어 활발히 움직이게 돼. 그래서 분자끼리 더 많이 충돌하고, 분자 사이의 거리가 멀어져. 기체 분자의 수와 크기는 변하지 않고, 분자 사이의 거리가 멀어져 더 넓은 공간을 차지해 부피가 늘어나게 되지. 반대로 온도가 낮아지면 기체 분자가 에너지를 잃어 움직임이 느려져서 부피가 줄어들어.

부피가 커져.

온도에 따라 기체의 부피가 변한다고?

부피가 작아져.

달걀 속에는 공기집이 있어. 냉장고에 든 달걀은 냉장고가 차가워서 공기집이 수축한 상태로 있지. 찬 달걀을 갑자기 뜨겁게 가열하면 공기집은 어떻게 될까? 열을 받아서 공기집의 부피가 계속 늘어나다가 더 늘어날 공간이 없으면 펑 하고 터져서 달걀 껍데기가 깨져. 또 달걀을 뜨거운 물에 계속 삶으면 달걀 속 수분이 수증기로 변해 부피가 늘어나서 달걀 껍데기가 깨지기도 해. 이유를 알았으니 이제 달걀 껍데기가 깨지지 않게 달걀을 삶는 건 식은 죽 먹기겠지?

온도에 따른 기체의 부피 변화를 직접 확인할 수 없을까?

할 수 있어. 기체의 온도가 높으면 부피가 늘어나고, 기체의 온도가 낮으면 부피가 줄어드는 것을 직접 확인해 보자. 풍선 2개를 같은 크기로 불어서 하나는 얼음물에 넣고, 하나는 팔팔 끓인 뜨거운 물에 넣어 봐. 만약 얼음이 없으면 냉동실에 풍선을 넣었다가 꺼내도 돼.

온도에 따른 기체의 부피 변화를 이용해서 손과 입을 대지 않고도 풍선을 불 수 있어. 거짓말처럼 들리겠지만, 충분히 가능해. 어떻게 하냐고? 이렇게 한번 해 봐! 빈 병 입구에 풍선을 씌우고, 물이 든 냄비에 넣어. 그리고 냄비에 열을 가해 물을 뜨겁게 하면 풍선이 저절로 팽팽해져. 풍선 안의 공기가 열을 받아서 부피가 늘어났기 때문이지.

반대 경우도 알아볼까? 빈 페트병을 냉동실에 넣고 얼마 후에 꺼내 봐. 페트병이 어떻게 될지 예측해 볼까? ① 아무 변화가 없어. ② 얼어서 깨져. ③ 찌그러져. 정답은 3번이야! 온도가 내려가면 페트병 속의 공기는 부피가 줄어들어서 병이 찌그러져.

온도가 올라가면 기체의 부피가 늘어난다는 사실을 처음 발견한 사람이 프랑스의 물리학자 샤를이야. 그래서 오늘날 이런 현상을 **샤를의 법칙**이라고 부르지. 샤를은 외부 압력이 일정할 때 기체의 온도가 올라가면 부피가 얼마나 늘어나는지를 실험하였고, 이것을 훗날 게이뤼삭이란 사람이 수식으로 만들어 샤를의 법칙이라고 정했어. 샤를의 법칙은 기체의 종류에 상관없이 모든 기체에 적용돼. 달걀 껍데기가 깨지면 이렇게 얘기해도 틀리지 않지.

궁금하면 냉동실 문을 열고 바로 넣어 봐!

달걀 껍데기가 깨진 것도 샤를의 법칙이야!

하늘 높이 나는 멋진 기구를 본 적 있니?

기구를 타고 보는 하늘은 너무나 아름답지. 기구는 기체의 온도가 높아지면 부피가 늘어나는 성질을 이용하여 하늘 높이 올라가. 샤를은 1783년 직접 기구를 만들어서 비행에 성공했어.

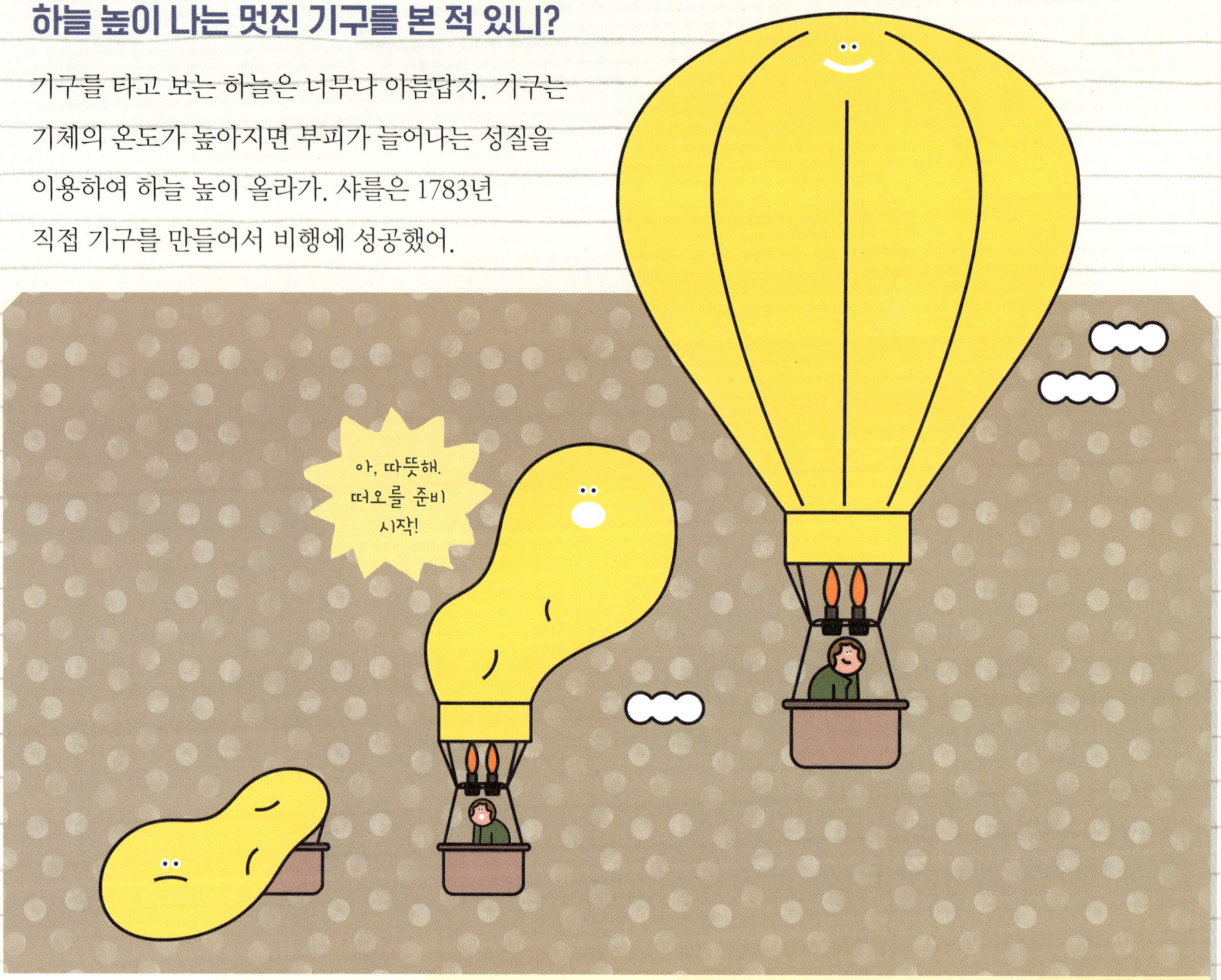

01 열기구의 풍선 속 공기를 버너로 가열해.

02 공기 온도가 높아져.

03 공기 분자들이 활발하게 움직여 열기구의 풍선을 크게 부풀려.

04 공기 분자들의 수와 크기가 일정한데, 분자 사이의 거리가 멀어져서 풍선의 부피가 커져. 그래서 열기구의 풍선 속 공기가 주변보다 가벼워져.

05 열기구가 위로 떠 올라.

 기체의 부피는 온도에 따라 변해. 온도가 높으면 늘어나고, 온도가 낮으면 줄어들어.

미니퀴즈 궁금증 더하기

주변에 있는 샤를의 법칙을 찾아라!

샤를의 법칙을 알면 생활 곳곳에서 일어나는 많은 문제를 해결할 수 있어. 어떤 것이 있을까?

01 탁구공이 쭈글쭈글해졌어!
뜨거운 물에 탁구공을 넣어 봐. 탁구공 속의 공기 부피가 늘어나 찌그러진 부분을 밖으로 밀어내서 금방 팽팽해져.

02 그릇이 겹쳐져 안 떨어져!
바깥쪽 그릇 표면을 뜨거운 물에 담그면 쏙 빠져. 그릇 사이의 공기 온도가 높아져 공기 부피가 늘어나면 그릇과 그릇 사이의 공간도 넓어지지. 그래서 그릇이 잘 떨어지게 돼.

03 냉장고에서 꺼낸 음료수 병뚜껑이 안 열려!
병 안에 있던 기체의 부피가 늘어나 병뚜껑을 밀어내기 때문에 병뚜껑이 열려.
병뚜껑을 옷이나 손으로 따뜻하게 감싼 후 열면 퐁 하고 열려. 이유는 알겠지?

04 더운 여름날, 타이어가 빵빵해졌어!
더운 여름날, 타이어 공기를 가득 채우면 펑 하고 폭발할 수 있어.

여름철, 멈춰 있는 자동차 타이어 온도는 약 30℃야. 시속 60km의 속도로 달린 후에는 약 65℃, 빠르게 달리는 도중에는 온도가 무려 100℃까지 오르지. 타이어 속의 공기 분자가 날아다니며 타이어를 부풀리니 공기를 덜 빵빵하게 채우도록 해!

즐거운 물놀이가 기체 덕분이라고?

| 초3 | 물질의 상태 |
| 초6 | 여러 가지 기체 |

압력에 따른 기체 부피

| 중1~3 | 분자 운동과 상태 변화 |

막바지 무더위를 피해 온 가족이 물놀이를 가서 블롭 점프(blob jump)를 했어. "무서워, 뛰어내릴 수 있을까?" 점프대에 올라가니 다리가 덜덜 떨리고 겁이 났지. 용기를 내서 눈 딱 감고 뛰어내렸어. 커다란 튜브 위로 내가 뛰어내리자 튜브에 앉은 엄마가 공중으로 휙 높이 튕겨 올랐지. "야호, 재밌는걸?" 무섭지만 짜릿한 블롭 점프는 기체의 성질을 이용한 것이라고 해.
어떤 성질을 이용한 것일까?

주변에서 고체, 액체, 기체 3가지 물질을 준비해 봐

각각 힘, 즉 압력을 주면 부피가 어떻게 변하는지 살펴보자. 마우스나 책 같은 고체는 아무리 힘을 주어도 부피가 변하지 않아. 이번에는 액체인 물 차례. 그런데 흐르는 성질을 가진 액체는 어떻게 힘을 줄까? 주사기나 페트병 같은 용기를 이용하면 돼. 주사기에 물을 넣은 후 앞부분을 막고 주사기 피스톤을 누르면 액체에 힘을 가한 게 돼. 또는 페트병에 물을 가득 담고 손으로 눌러도 돼. 역시 부피 변화는 거의 없어.

눈에 보이지 않는 기체는 어떻게 힘을 주지?

기체에 힘을 주거나 뺄 때의 변화를 눈으로 확인하려면 어떻게 해야 할까? 기체도 액체처럼 주사기를 이용하면 쉽게 눈으로 확인할 수 있어. 주사기 안에 들어갈 만한 작은 풍선도 필요해. 먼저 풍선을 작게 불어서 주사기 안에 넣어. 그리고 주사기 앞부분을 막고 주사기 피스톤을 힘차게 눌러 봐. 주사기 안에 있는 공기에 힘을 주는 거지. 그러면 앗, 풍선이 작아져. 반대로 피스톤을 뒤로 당기면, 즉 힘을 빼면 풍선이 다시 빵빵하게 커지지. 이처럼 기체의 부피는 압력에 의해 변해.

요리조리 실험실

기체에 힘을 주면(압력을 높이면) 부피가 줄어드는 이유가 뭘까? 기체 분자의 수와 크기는 변하지 않지만, 분자 사이의 거리가 가까워지기 때문이야. 반대로 외부에서 주던 힘이 없어지면(압력을 낮추면) 분자 사이의 거리가 멀어져 기체의 부피가 원래대로 늘어나게 돼. 고체나 액체는 분자 사이의 거리가 기체 분자 사이의 거리보다 훨씬 가까워서 외부에서 힘을 주거나 빼도 부피가 일정해.

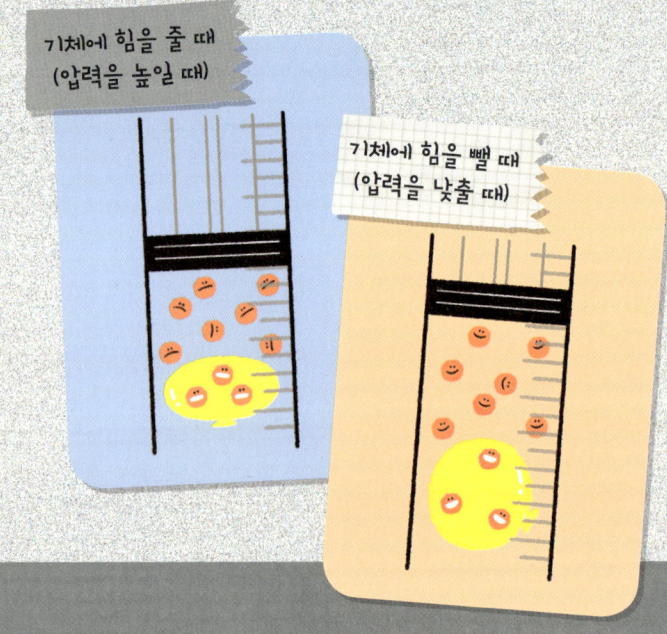

기체에 힘을 줄 때 (압력을 높일 때)

기체에 힘을 뺄 때 (압력을 낮출 때)

호핑볼은 압력에 따라 공기의 부피가 줄어들었다, 늘어났다 하면서 공이 바닥에서 튕겨 올라.

호핑볼

에어 운동화는 압력에 따라 공기의 부피가 줄어들었다, 늘어났다 해서 발바닥이 받는 충격을 줄여 줘.

에어 운동화

우리 주변에는 압력에 따라 기체의 부피가 변하는 성질을 이용한 것이 많아

블롭 점프와 커다란 풍선인 호핑볼, 발뒤꿈치 부분에 공기가 들어간 에어 운동화는 압력에 따라 공기의 부피가 줄어들었다가 원래대로 돌아오는 성질을 이용한 제품이지. 특히 에어 운동화는 발바닥이 받는 충격을 줄여 주는 역할을 해서 농구 같은 운동을 할 때 신으면 좋아.

기체의 원리는 샴푸나 화장품 통에도 쓰여. 샴푸 통이나 화장품 통의 꼭지를 누르면 내용물이 나오는데, 바로 압력에 따른 기체의 부피 변화를 이용한 거야.

꼭지를 누르면 통 안의 압력이 커지면서

기체의 부피가 줄어들어서

내용물이 바깥으로 나와.

영국의 과학자 보일은 기체와 관련된 여러 가지를 실험했어

보일은 3m가 넘는 유리관을 만들어 수은을 넣으면서 공기의 부피가 어떻게 변하는지 관찰하는 실험을 했어. 그래서 '일정한 온도에서 기체의 압력과 부피는 서로 반비례한다.'라는 사실을 알아냈지. 이것을 **보일의 법칙**이라고 해.

> 수은을 많이 넣을수록 압력이 높아져서 유리관 끝부분에 차 있던 공기의 부피가 점점 줄어들어.
>
> 압력이 2배, 3배, 4배로 증가하면 기체의 부피는 1/2배, 1/3배, 1/4배로 감소해.

키노트
기체에 압력을 높이면 기체 분자 사이의 거리가 가까워져서 부피가 줄어들고, 압력을 낮추면 기체 분자 사이의 거리가 멀어져 부피가 늘어나.

미니퀴즈 궁금증 더하기 | 보일의 법칙으로 설명할 수 있는 현상을 찾아라!
다음 현상 중에서 보일의 법칙을 찾아볼까?

01 손에서 놓친 헬륨 풍선이 하늘로 올라가다 터지는 현상

찾았다, 보일의 법칙!
헬륨 풍선을 놓치면 위로 올라가. 위로 올라가면 주위의 기압이 낮아지기 때문에 풍선은 점점 커지지. 풍선이 팽창을 견디지 못하면 결국 펑 하고 터져.

02 비행기 안에서 고도에 따라 반쯤 물이 든 물병이 팽창하거나 쭈그러지는 현상

찾았다, 보일의 법칙!
고도가 높아질수록 기압이 지표면보다 낮아지기 때문에 물병이 받는 압력도 낮아져. 따라서 물병 안의 공기 부피는 늘어나며 팽창하게 되지. 반대로 비행기가 내려와 땅에 가까워지면 기압이 높아져 공기의 부피가 줄어들고 물병이 쭈글쭈글해져.

03 물이 깊은 곳에서 작은 풍선이 수면 가까이 올라오면 커지는 현상

찾았다, 보일의 법칙!
수면 가까이 올라오면 수압이 낮아져. 풍선 안의 기체 부피도 팽창하게 돼서 풍선이 커지지. 너무 커지면 터질 수 있어!

제비꽃 꽃잎의 색깔이 왜 변했을까?

초5 산과 염기
지시약

날씨가 화창한 휴일, 친구들과 함께 이모의 과학 실험실에 놀러 갔어. 이모는 구슬땀을 흘리며 실험에 열중하고 있었지. 집에서 보던 덜렁거리는 모습과 사뭇 다르게 너무 멋졌어. 그러나 감탄도 잠시! "으악~" 이모가 비명을 질렀어. "위험해. 황산을 떨어뜨렸어. 가까이 오지 마." 황산이라는 물질을 제비꽃 화분에 잘못 떨어뜨렸대. 그런데 황산이 떨어지자 보라색 제비꽃 꽃잎이 붉은색으로 변했어. 황산은 도대체 어떤 물질이기에 보라색 꽃잎을 붉은색으로 변화시키는 걸까?

부엌에 들어가 냉장고나 싱크대를 열고 식초, 주스, 베이킹 소다를 찾아봐. 사이다나 콜라, 이온 음료도 있다면 같이 준비해. 베이킹 소다는 빵을 만들거나 채소를 씻을 때 사용하는 하얀 가루야. 먼저 베이킹 소다를 조금 물에 녹여. 그리고 맛을 봐. 어떤 맛이 나지?

베이킹 소다는 씁쓰레한 맛이 날 거야. 반면에 식초와 주스는 시큼한 맛이 나. 식초와 주스처럼 신맛이 나는 액체는 **산성**, 물에 녹은 베이킹 소다처럼 쓴맛을 내는 액체는 **염기성**이라고 해. 아무 맛도 나지 않는 물은 **중성**이지. 산과 염기는 물질의 특별한 종류이고, 물질이 산성이나 염기성을 띠려면 대개는 물에 녹아야 해. 식초와 주스가 신맛을 내는 것은 그 안에 있는 산 때문이며, 베이킹 소다의 쓴맛은 염기에서 나와. 산에는 질산, 황산, 염산, 식초에 든 아세트산, 주스에 든 시트르산 등 여러 종류가 있지. 염기에는 비누를 만드는 원료인 수산화 나트륨, 수산화 칼륨, 암모니아 등등의 종류가 있어. 산은 모두 이름이 '~산'으로 끝나서 산이라는 것을 금방 알 수 있는데, 염기는 '~염기'라고 쓰여 있지 않아서 염기인지 바로 알 수가 없지. 대신 대부분에 '수산화'라는 단어가 붙어 있어.

그런데 궁금하지? 왜 어떤 물질은 산이고 어떤 물질은 염기일까?

과학자들은 물질이 산인지 염기인지에 따라 액체 속 이온의 종류가 달라진다는 것을 알아냈어. 어떤 물질을 물에 녹이면 이온으로 되는데, 산은 수소 이온(H^+)을 만들고, 염기는 수산화 이온(OH^-)을 만들어 내. 염기가 '수산화'라는 말로 시작하는 이유를 알겠지?

수소 이온이 많으면 산.

수산화 이온이 많으면 염기.

어떤 액체가 산성인지 염기성인지 어떻게 알 수 있을까?

산과 염기는 이온의 종류가 다르지만, 수소 이온과 수산화 이온이 우리 눈에 보이지 않으니 확인이 어려워. 아하, 산은 신맛을 내고 염기는 쓴맛을 내는 특성이 있으니 맛으로 확인할 수 있지 않을까? 아니야. 맛으로 확인하는 것은 매우 위험한 방법이야! 식초나 베이킹 소다처럼 먹어도 괜찮은 음식 재료는 맛을 보면 알 수 있지만, 모든 물질을 맛볼 수는 없어. 사람에게 해로운 것이 많기 때문이지. 또한, 산성이라고 해서 모두 신맛을 내는 것도 아니야. 아까 부엌에서 찾은 탄산음료를 마셔 봐. 음, 달콤한걸? 사이다와 콜라 같은 탄산음료는 산성이지만, 신맛이 나지 않아. 그래서 산성과 염기성을 확인할 때는 특별한 물질을 사용해. 바로 **지시약**이야. 지시약은 산성 또는 염기성 용액과 만나면 서로 다른 색깔로 변해. 그래서 산성인지 염기성인지 한눈에 알 수 있게 해 줘. 가장 간단하게 사용하는 지시약은 리트머스 종이야. 푸른색 리트머스 종이는 산성 용액에서 붉은색으로, 붉은색 리트머스 종이는 염기성 용액에서 푸른색으로 변하지.

신통방통한 종이네. 산성인지 염기성인지 단번에 알 수 있어.

01 리트머스 종이는 리트머스이끼라는 식물로 만들어. 이렇게 식물 중에는 산성과 염기성을 알려 주는 천연 지시약이 많아.

02 지시약은 황산으로 실험을 하던 과학자가 황산이 묻은 제비꽃 꽃잎이 보라색에서 붉은색으로 변하는 것을 보고 발견했지.

03 과학자는 산성이나 염기성 용액에서 색깔이 변하는 식물이 더 없을까 궁리했어.

04 그래서 여러 식물로 실험하여 리트머스이끼를 비롯한 많은 식물이 지시약 역할을 할 수 있음을 알아낸 거야.

푸른색 리트머스 종이를 산성 용액에 넣으면 붉은색으로 변해

그런데 어떤 용액에서는 리트머스 종이가 더 빨갛게 변하고, 어떤 용액에서는 덜 빨갛게 변하지. 왜 그럴까? 산에는 강한 산이 있고, 약한 산도 있기 때문이야.

어떤 물질은 물에 녹으면 수소 이온이 많이 나오고, 어떤 물질은 적게 나와. 수소 이온이 많이 나오면 강한 산, 적게 나오면 약한 산이 돼. 수소 이온의 양에 따라 산의 세기가 달라지는 거지. 그리고 강한 산에 닿을수록 푸른색 리트머스 종이가 더 빨갛게 변화해. 이건 염기도 마찬가지야. 수산화 이온이 많이 나올수록 강한 염기가 되고, 붉은색 리트머스 종이가 더 파랗게 변하지. 그런데 강하다, 약하다는 말로는 산이나 염기의 세기를 정확히 나타낼 수 없어. 과학자들은 산과 염기의 세기를 숫자로 나타내는 방법을 생각했지. 수소 이온의 농도를 숫자로 나타내 산의 세기를 표시한 거야. 이 숫자를 **pH, 수소 이온 농도 지수**라고 해. 중성의 pH를 7이라 하고 수소 이온 농도가 10배 많아질 때마다 1씩 작아지게 했어. 즉 숫자가 1씩 작아질 때마다 산성이 10배 커져. 반대로 숫자가 1씩 커질 때마다 염기성이 10배씩 커지지. 따라서 pH가 7보다 작을수록 산성이 강해지고, 반대로 숫자가 클수록 염기성이 강해져.

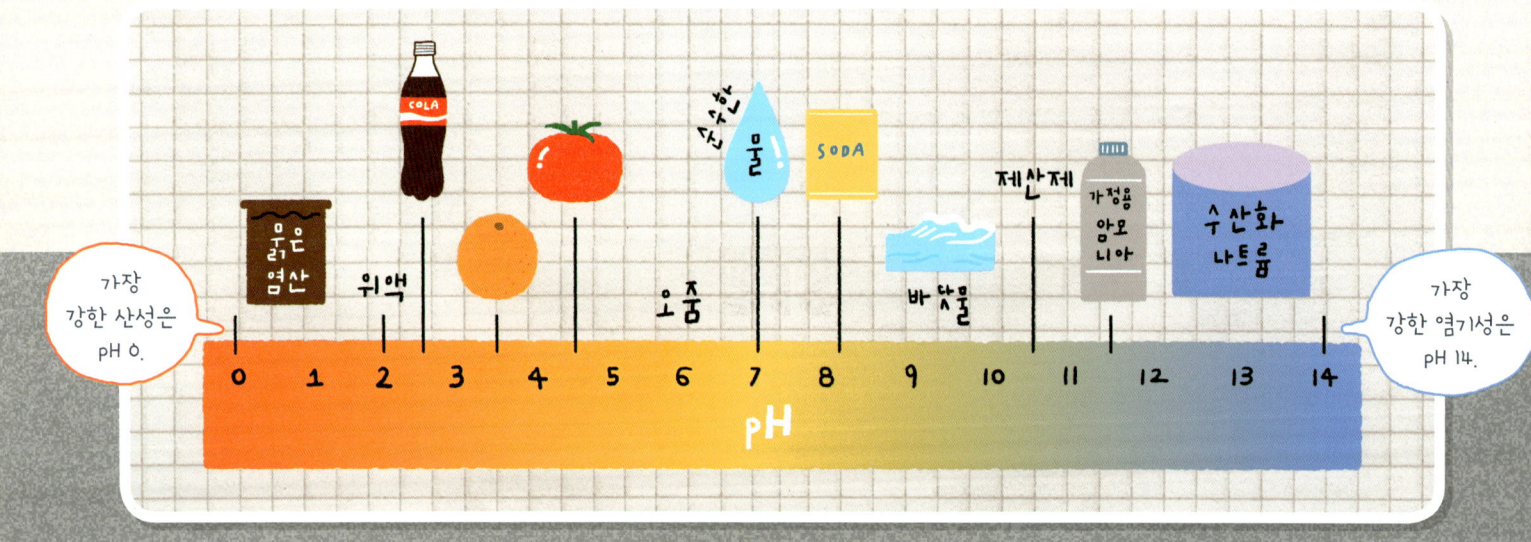

키노트

대부분 액체는 산성, 염기성, 중성이야. 산성과 염기성은 물에 녹았을 때 생기는 이온의 종류로 결정돼. 수소 이온이 많으면 산성, 수산화 이온이 있으면 염기성이지. 산성과 염기성은 지시약으로 알 수 있어.

미니퀴즈 궁금증 더하기

알쏭달쏭 pH!

01 토마토 주스의 pH가 4, 식초의 pH가 2라면 식초는 토마토 주스보다 산성이 몇 배 더 강할까?

① 2배 ② 20배 ③ 100배

정답 ③ 100배야.

pH가 1 작아질 때마다 산성이 10배씩 증가하므로, pH 3은 pH 4보다 10배 강하고, pH 2는 pH 3보다 10배 강해. 따라서 pH 2는 pH 4보다 산성이 100배(10×10=100) 강하지.

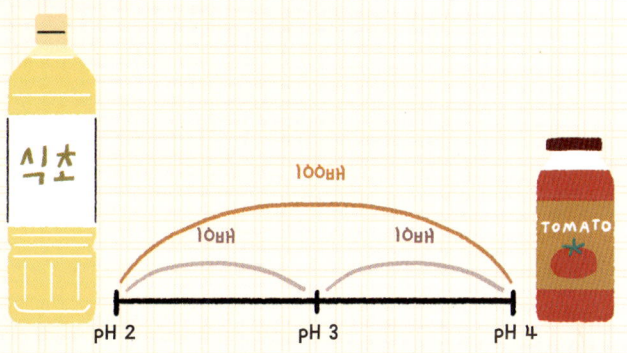

02 쉬어 가는 코너: 산토끼의 반대말은?

① 집토끼

② 죽은 토끼

③ 판 토끼

④ 바다 토끼

⑤ 염기 토끼

모두 말이 되네!

김밥을 알루미늄 포일에 싸면 안 좋다고?

초5 **산과 염기**
여러 가지 산과 산성 물질의 특성

"아, 군침 돈다!" 김밥집에 알루미늄 포일로 싸 놓은 김밥이 수북이 쌓여 있어. 참, 맛있겠는걸? 배가 고프니 더 먹고 싶어져. 그런데 지나가던 출랑이가 김밥을 알루미늄 포일에 싸면 안 좋다고 한마디를 했어. 왜 그럴까? 김밥이 알루미늄을 만나면 어떤 일이 일어날까? 나쁜 일이라도 생기는 걸까?

김밥에는 무엇이 들어 있을까?

김밥에는 알록달록 예쁜 색깔을 내고, 몸에 좋은 영양소를 고루 갖추기 위해 여러 가지 재료가 들어가. 만드는 재료에 따라 돈가스 김밥, 소고기 김밥, 채소 김밥, 참치 김밥 등 다양한 김밥이 있지. 그런데 김밥에 빠지지 않고 꼭 들어가는 것이 있어. 바로 단무지야. 단무지는 무를 설탕과 식초를 섞은 물에 담가 만들어서 새콤달콤한 맛을 내지. 그런데 식초는 산성 물질이야. 산성은 철, 알루미늄, 마그네슘 같은 금속을 잘 녹이는 성질이 있어. 다행히 식초는 산성이 약해서 김밥을 싼 알루미늄 포일에서 나오는 알루미늄 양은 그리 많지 않아. 건강에 큰 문제는 없겠지만, 되도록 도시락처럼 다른 용기에 넣는 것이 좋겠지?

금속 중에는 산에 녹지 않는 것도 있어. 금, 은, 백금, 구리 같은 금속은 산에 녹지 않으니 금반지가 식초에 빠져도 걱정할 필요 없어.

알루미늄은 산, 열, 소금기에 약해. 고기나 생선, 라면을 알루미늄 포일로 요리하는 것은 좋지 않은데….

혹시 문화재가 유리 안에 들어가 있는 걸 본 적 있니?

산은 금속뿐만 아니라, 돌도 녹일 수 있어. 주로 탄산 칼슘이 주성분인 석회암이나 대리석을 잘 녹여. 산성비라고 들어 봤니?
산성비는 공장과 발전소에서 나오는 연기와 자동차에서 내뿜는 배기가스 때문에 생겨. 배기가스 속에는 이산화 황 기체(아황산 가스)가 들어 있는데, 이것이 빗물에 녹아 빗물을 산성으로 만들어. 만약 석회암이나 대리석으로 된 건축물이 산성비를 맞으면 녹아 버릴 수 있지.
산성비 피해를 막아 문화재를 오래 보관하기 위해서, 석회암이나 대리석으로 된 문화재를 유리로 씌워 놓는 거야.
산성비는 흙과 물을 오염시켜. 식물이 잘 자라지 못하게 하고, 물고기에게 피해를 주기도 해.
산이 석회암을 녹이는지 직접 눈으로 확인하고 싶다면 식초에 달걀 껍데기를 넣어 봐. 달걀 껍데기의 주성분은 탄산 칼슘이니까.

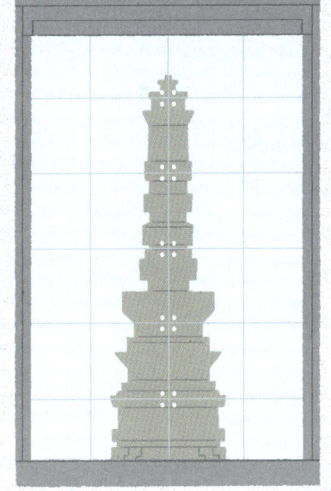

왜 유리로 덮여 있지?

감기 걸릴까 봐!

새 똥을 피하려고.

무시무시한 산이지만, 산이 없으면 우리 생활은 많이 불편해져.
우리 생활 곳곳에 어떤 산이 쓰이는지 안다면
여기도 산, 저기도 산이라는 말이 절로 나올 거야.

자동차를 움직이게 해. 황산은 금속과 돌은 물론이고, 사람 몸도 녹일 수 있는 무시무시한 강한 산이야. 자동차 배터리에 들어가 자동차가 움직이게 해 줘.

이상한 냄새가 나는 염산은 살균 작용이 있어. 수영장이나 화장실에서 나는 소독 냄새가 바로 염산 냄새야.

산은 아스피린에도 사용돼. 아스피린은 열을 내려 주고, 통증을 줄여 주지. 아스피린의 원료는 살리실산이야. 살리실산은 버드나무 껍질에서 발견했어.

병을 예방해 줘. 아스코르브산이라는 어려운 말은 쉽게 비타민 C라고 불러. 신선한 과일과 채소에 많이 들어 있는 비타민 C는 괴혈병을 예방하여 많은 사람의 목숨을 구했어.

음식에 맛을 더해 줘. 식초의 신맛은 아세트산. 콜라, 사이다 같은 탄산음료의 톡 쏘는 맛은 탄산. 포도나 사과의 새콤달콤한 맛은 말산이 맡아. 오렌지나 레몬의 신맛은 구연산(시트르산)에서 나와.

우리 몸속에도 식초보다 강한 산이 들어 있어

어디에 있냐고? 바로 위 속에 있어. 음식물이 위에 들어오면 위액이 나와서 음식물과 섞이는데, 이 위액 속에 염산이 들어 있지. 염산은 매우 강한 산이라서 위액의 산성도는 pH 2를 띠게 돼. 위액 속의 염산은 음식물이 잘게 쪼개지게 도와주고, 음식물과 함께 들어온 세균을 죽이는 역할을 해. 산은 동물이나 식물이 다른 동물로부터 자기를 보호하기 위해서도 쓰여. 개미에 물리면 물린 부분이 붓고 따가워. 개미가 물면서 내뿜은 액체 때문인데, 산성을 띠어서 개미산이라 해. 개미산은 개미에게서 처음 발견돼서 개미산이라 불리지만, 개미에게만 있는 건 아니야. 꿀벌은 위협을 받으면 벌침을 쏘는데 벌침에도 개미산이 있어. 또한, 쐐기풀의 잎과 줄기에 있는 가시에도 개미산이 있지. 그래서 쐐기풀에 긁히면 개미산이 나와서 따갑고 쓰라리게 돼.

> 위액은 위벽을 녹일 수 있을 만큼 산성이 강하지만, 위벽은 끄떡 없어. 강한 산에서도 잘 견디는 물질인 뮤신이 위벽을 덮어 보호해 주기 때문이야.

> 야외에 나갈 때는 긴소매를 입는 게 좋아.

키노트 산은 철, 알루미늄, 마그네슘 같은 금속과 석회암, 대리석 같은 돌을 녹일 수 있어. 산은 우리 생활 곳곳에 쓰이고, 특히 사람과 동식물의 몸속에서도 중요한 역할을 맡아.

미니퀴즈 궁금증 더하기

산, 못하는 게 뭐니?

여러 가지 산은 우리 생활 곳곳에 쓰여. 탄산으로 산이 할 수 있는 일을 직접 알아볼까?
탄산은 탄산음료에 들어 있어.
다음 중 산성인 탄산음료로 할 수 있는 일을 찾아봐!

> 탄산음료로 다 할 수 있다고? 놀랍군!

변기 청소

헌 동전을 새 동전으로 바꾸기

녹슨 망치의 녹 제거

실크 스카프에 무슨 일이?

> **초5 산과 염기**
> 여러 가지 염기와
> 염기성 물질의 특성

"어머, 안 돼!" 그림을 그리다가 실수로 엄마 스카프에 물감을 흘렸어. 하필 엄마가 애지중지 아끼시는 실크 스카프야. 빨리 깨끗이 빨아서 흔적을 없애야겠어. 쓱쓱, 싹싹 세탁비누로 깨끗이 빨았으니 이제 말리면 끝! 그런데 이게 무슨 일이람? 실크 스카프가 쭈글쭈글해지고 색도 빠져 이상해졌어. 세탁비누로 깨끗이 빨았을 뿐인데 실크 스카프에 무슨 일이 생긴 거지?

더러워진 손이나 우리 몸의 때, 옷에 묻은 얼룩을 깨끗하게 지우는 방법은?

때와 얼룩은 물로만 씻으면 잘 안 닦여.
그런데 비누로 쓱쓱 닦으면 반짝반짝 깨끗해지지.
비누는 어떻게 때와 얼룩을 쏙 빼 주는 걸까?

반짝반짝, 때 빼는 비누의 정체는?

비누는 식용유 같은 지방에 수산화 나트륨 또는 수산화 칼륨처럼 강한 염기를 섞어 굳혀 만들어. 따라서 염기성 물질이지.

염기는 지방을 분해하거나 단백질을 녹이는 성질이 있어. 때는 보통 지방 성분으로 되어 있어서 물에 잘 녹지 않아. 그런데 비누의 염기가 때를 녹여서 없애니 깨끗해질 수 있어.

하지만 실크나 모직은 비누를 사용하면 안 돼. 실크는 누에고치로 만들고, 모직은 동물의 털로 만든 동물성 섬유야. 동물을 이용해 만든 동물성 섬유는 주성분이 단백질이지. 그래서 염기성인 비누가 동물성 섬유의 단백질을 녹이게 돼.

빨래할 때 섬유에 남은 비누가 동물성 섬유의 단백질과 반응하여 섬유를 약하게 만들고, 색을 변색시키는 거지. 따라서 동물성 섬유를 빨 때는 염기성인 비누를 사용하면 안 돼. 털옷을 포함한 모직이나 실크를 빨 수 있는 중성 세제를 이용해야 하지.

잊지 마! 염기는 지방과 단백질을 녹여.

아무 곳에나 비누를 쓰면 안 되겠지?

산이 우리 생활에 여러 가지로 사용되듯이 염기 또한 생활 곳곳에 사용돼

비누는 약한 염기야. 우리 피부를 녹일 만큼 강하지 않지만, 강한 염기는 피부를 녹일 수도 있어. 하수구가 꽉 막혔을 때, 뻥 뚫어 주는 물질을 아니? 마트에서 쉽게 구할 수 있지. 하수구는 주로 머리카락 같은 물질 때문에 막히는데, 머리카락은 염기가 든 성분에 잘 녹아. 그래서 하수구를 뚫어 주는 물질에는 수산화 나트륨 같은 강한 염기가 들어 있어. 머리카락을 녹일 정도니 피부에 닿으면 아주 위험하겠지? 이런 물질이 손에 닿으면 손이 미끌미끌해지는데, 강한 염기가 손의 피부를 녹이기 때문이야.

간단한 기름때는 암모니아처럼 약한 염기를 사용하면 돼. 암모니아는 약간 고약한 냄새를 풍겨. 화장실에서 나는 소변 냄새의 성분이기도 하지. 조선 시대에는 오줌으로 빨래했다는 기록이 있어. 염기성 물질인 암모니아 성분이 기름때를 지우는 데 효과가 있다는 것을 옛사람들은 경험으로 이미 알고 있었나 봐.

머리에 구불구불하게 파마할 때에도 염기를 사용해. 암모니아나 수산화 나트륨을 사용해서 머리카락의 단백질 구조를 끊어 내면 머리카락이 부드러워져. 이때 원하는 모양으로 머리카락을 말아 컬을 만들고, 열을 가해 고정하면 파마머리가 완성돼. 파마를 자주 하면 파마 약 때문에 머리카락이 많이 상하겠지?

엄마나 아빠가 속 쓰릴 때 드시는 제산제도 염기성이야. 속 쓰림은 위에 위산이 많이 나와서 생기는데, 염기성인 약을 먹으면 아픔이 덜 해져. 제산제가 염기성인 것은 리트머스 종이로 쉽게 알 수 있어.

사람뿐만 아니라 많은 생물이 염기와 관계 맺으며 살아가

동물과 식물이 산을 무기로 이용하듯이 염기도 자신을 보호하는 데 사용하지. 산이 신맛을 낸다면 염기는 쓴맛을 내. 우리가 먹는 커피나 차, 초콜릿에는 카페인이 들어 있는데, 카페인은 염기라 쓴맛이 나지. 카페인은 커피나무, 차나무, 카카오나무 같은 식물의 잎이나 열매에 들어 있어. 벌레들은 맛이 쓴 식물의 잎이나 열매를 잘 먹으려 하지 않아. 쓴맛의 카페인이 식물의 보호 장비라 할 수 있지.

**염기는 고약한 냄새를 풍기고 쓴맛을 내지만,
그 독특한 맛을 즐기는 사람도 있어**

커피나 차, 초콜릿은 대표적인 쓴맛을 내는 것들이야. 그 외에 또 어떤 것이 있을까? 어른들이 즐겨 먹는 요리로 홍어 삭힌 것이 있어. 삭힌다는 것은 미생물이 음식을 발효시키는 것인데 그 과정에서 암모니아가 나와. 이 암모니아 때문에 홍어 요리에서 지독한 냄새가 나지. 콩을 발효시켜 만든 청국장에서도 독특한 냄새가 나. 이것도 암모니아 때문이지. 콩 단백질이 분해되면서 암모니아가 만들어지는 거야. 청국장은 고릿한 냄새를 풍겨 싫어하는 사람도 있지만, 발효할 때 생기는 다양한 균이 면역력을 높여 줘. 몸에 이로운 음식이야.

> **키노트**
> 염기는 지방과 단백질을 녹이는 성질이 있어. 쓴맛이 나고 고약한 냄새를 풍기기도 해.
> 염기의 독특한 성질은 우리 생활 곳곳에서 다양하게 사용돼.

> 미니퀴즈 궁금증 더하기

제대로 손 씻는 방법은?

대표적인 염기성 물질인 비누는 의학자들과 역사학자들이 뽑은 수십억 인류를 구한 물품 1위야. 의약품도 아닌 비누가 어떻게 질병에 걸린 사람들을 구했을까? 비누는 일찍이 고대 시대부터 있었지만, 비누를 만드는 재료가 귀하고 비싸서 일부 사람만 쓰는 사치품이었어. 그러다가 비누를 대량으로 손쉽게 만들게 되면서 누구나 비누를 사용하여 매일 손발을 씻게 되었지. 비누가 손에 묻은 세균을 잘 씻어 내면서 많은 질병이 예방되고, 전염병이 퍼질 가능성이 급속히 떨어졌어. 손을 비누로 잘 씻으면 세균이 3%밖에 남지 않아. 또한, 매년 140만 명의 생명을 구하고, 5세 이하의 어린이들은 비누로 씻는 것만으로도 폐렴 발생의 위험을 46%까지 줄인다고 해. 제대로 손 씻는 방법을 알아보자.

비누로 손 씻기 효과

세균의 양
- 29% (손 씻기만 잘해도 병에 걸리지 않아.)
- 15% 물로만 씻을 때
- 3% 비누로 씻을 때 (세균이 확 줄었어.)

비누, 인류의 수명을 연장한 염기야.

올바른 손 씻기 과정

01 손바닥과 손바닥을 마주 대고 문질러.

02 손등과 손바닥을 마주 대고 문질러.

03 손바닥을 마주 대고 깍지를 끼고 문질러.

04 손가락을 마주 잡고 문질러.

05 엄지손가락을 다른 손바닥으로 감싸서 돌리며 문질러.

06 손가락을 반대편 손바닥에 놓고 문지르며 손톱 밑을 깨끗하게 해.

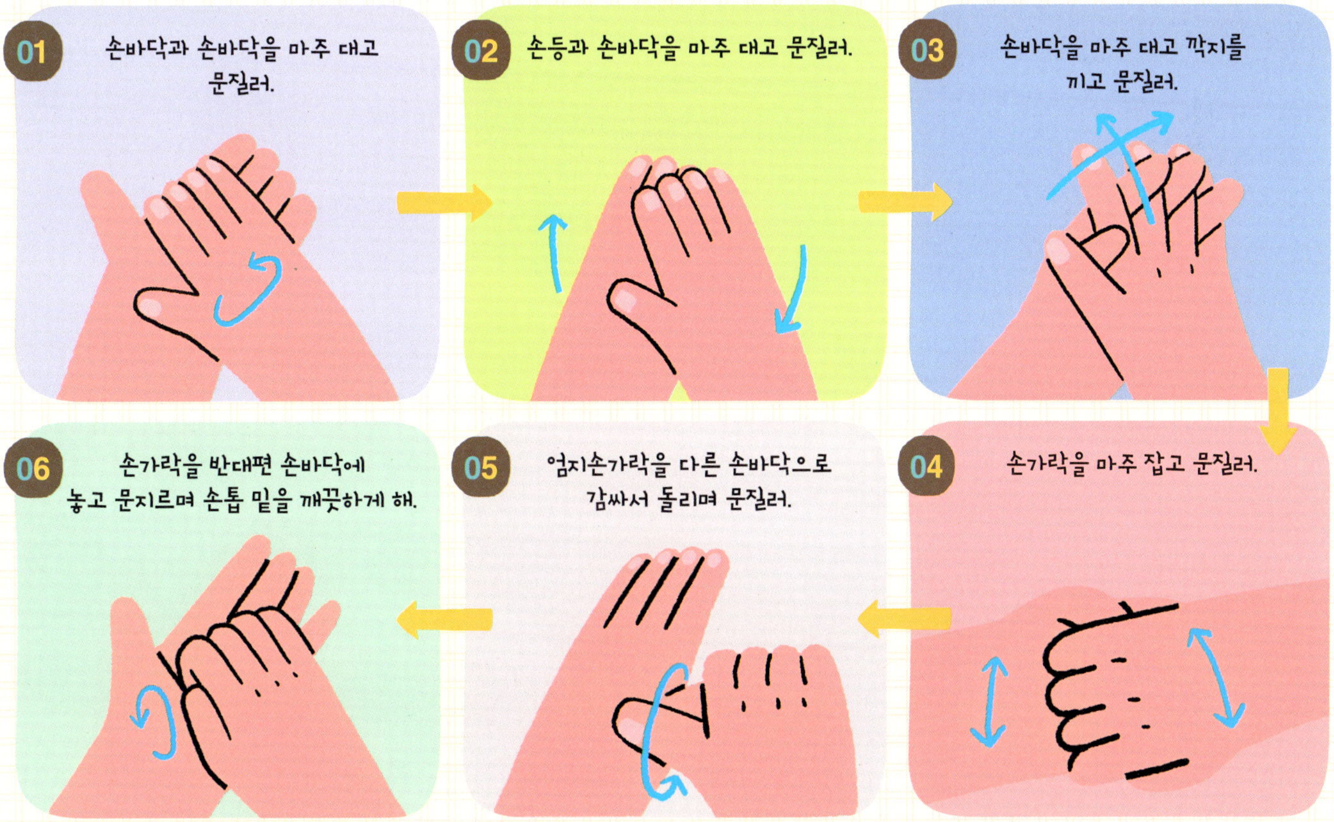

식초가 비린내를 사라지게 해!

초5 산과 염기
중화 반응

오늘 저녁은 내가 제일 좋아하는 꽃게탕이야. 제철을 맞은 게에는 땡땡한 알이 가득 들었어. 게 껍데기에 밥을 넣고 비벼 먹으니 그 맛이 일품이었지! 그런데 꽃게탕을 먹은 후 식탁에서 비릿한 냄새가 올라왔어. 꽃게탕이 단 하나 안 좋은 점은 바로 비린내가 많이 난다는 거야. "식초를 가져오렴." 엄마가 능숙한 손놀림으로 행주에 식초를 묻혀 식탁을 닦으셨지. 우아, 거짓말처럼 비린내가 사라졌어. 꽃게탕의 비린내가 식초와 만나면 무슨 일이 생기는 걸까?

꽃게와 생선에서 독특한 냄새가 난다고?

해산물은 특유의 비린내를 풍겨. 비린내를 좋아하는 사람이 있고, 싫어하는 사람도 있어. 해산물에서 나는 비린내는 아민이라는 염기성 물질 때문에 생겨. 비린내가 나는 식탁에 산성 물질인 식초를 뿌리면, 염기와 산이 만나게 되는 셈이지. 산과 염기가 만나면 해산물의 비린내가 사라지는 신기한 일이 일어나.

산과 염기가 만나면 어떻게 될까?

이 둘이 만나면 물이 생겨. 금속과 돌을 녹이는 산, 지방과 단백질을 녹이는 염기. 이렇게 무시무시한 두 물질이 만났는데 겨우 물이 생긴다니 너무 싱겁다고? 산과 염기의 특성을 알면 물이 생기는 원리를 쉽게 이해할 수 있지. 산은 수소 이온을, 염기는 수산화 이온을 각각 가지고 있어. 그래서 산과 염기가 만나면 **수소 이온(H^+)과 수산화 이온(OH^-)이 만나서 물(H_2O)이** 생기게 돼. 그리고 원래 산에 수소 이온과 같이 있던 짝과 염기에 수산화 이온과 같이 있던 짝도 서로 만나서 새로운 물질을 만들어. 이 물질들은 모두 염이라고 해.

산과 염기가 만나 산을 나타내는 수소 이온과 염기를 나타내는 수산화 이온이 모두 물로 변하면, 물은 산일까 염기일까? 둘 다 아니야. 산과 염기의 중간 성질을 띠게 돼. 이것을 **중화 반응**이라고 해. 꽃게 비린내를 식초로 없앤 것도 바로 중화 반응을 이용한 거야. 비린내의 주성분이 약한 염기성인데, 산성을 띠는 식초로 냄새를 중화시킨 거지. 생선구이나 회에 레몬즙을 뿌려 비린내를 없애는 것도 같은 원리야.

중화 반응은 우리 생활 곳곳에 쓰여. 어떻게 쓰이는지 알아볼까?

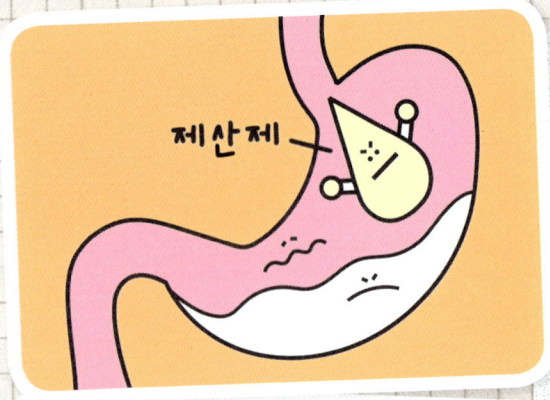

속 쓰림을 잡는 제산제

속이 쓰릴 때 먹는 제산제를 본 적이 있니? 어린이들은 드물지만, 어른들은 제산제를 먹는 경우가 적지 않아. 제산제는 염기성 물질이야. 위액은 염산이 섞여 있어 산성을 띠고, 따라서 위벽은 강한 산에도 잘 견디는 물질로 싸여 있다는 것 알지? 그런데 위산이 많이 나오면 위벽에 상처가 나 속이 쓰리게 돼. 그래서 염기성 물질인 제산제를 먹어서 산성인 위액을 중화하는 거지.

오염된 토양에 도움을 주는 석회 가루와 황사

산성비가 많이 내린 곳에 염기성인 석회 가루를 뿌리면 토양을 중화할 수 있어. 단, 중성인 땅이나 물에는 뿌리지 않도록 주의해야 해. 석회 가루가 또 다른 오염 물질이 될 수 있어. 중국에서 대기 오염 물질을 몰고 와 문제가 되는 황사가 토양에 좋은 비료가 되기도 해. 황사의 주성분인 황토는 염기성인 석회나 산화 마그네슘이 들어서 토양에 비료 역할을 하기 때문이야.

비누로 감고 식초로 헹구기

샴푸와 린스로 머리를 감으면 보들보들 매끄러운 머릿결을 가질 수 있어. 그런데 샴푸나 린스 같은 합성 세제는 물에 잘 분해되지 않아서 물을 오염시켜. 샴푸 대신 비누로 머리를 감으면 머리카락도 건강해지고 환경도 보호할 수 있지. 그런데 비누는 염기성이라 머리를 감은 후 머리카락이 푸석푸석하고 뻣뻣해져. 이때 식초를 넣은 물로 머리를 헹구면 비누가 중화되어 머릿결이 보들보들해지지.

세수 후에는 촉촉한 로션 바르기

피부는 pH 5.5 정도의 약한 산성일 때 건강해. 그런데 비누는 대부분 염기성이라 비누로 씻고 나면 피부가 염기성으로 변하지. 건강한 피부는 저절로 지방이 분비되어 피부의 산성도를 유지하지만, 그렇지 않은 경우에는 로션 같은 화장품을 바르는 것도 좋아. 약한 산성인 화장품이 피부를 원래 상태로 되돌려 주는 역할을 해.

소변 찌꺼기는 산으로 없애

화장실 청소를 오랫동안 하지 않으면 소변 찌꺼기가 굳어서 잘 닦이지 않아. 소변 찌꺼기와 소변의 지린내는 염기성이야. 물때의 성분도 염기성이지. 물속에는 칼슘 이온이 있어. 이것이 공기 중의 이산화 탄소가 녹아 만들어진 탄산 이온과 결합하면 탄산 칼슘이라는 염기성 물질이 돼. 탄산 칼슘은 돌처럼 단단해져서 잘 닦이지 않아. 염산을 이용하면 찌든 때와 냄새를 싹 없애고 살균도 시킬 수 있어. 하지만 염산은 수질과 토양을 오염시켜서 많이 사용하면 안 돼. 약한 산을 이용하여 자주 청소하는 것이 좋아. 먹다 남은 콜라가 있다면 화장실 청소에 사용해 봐. 콜라는 탄산이 든 산성 물질이야. 콜라를 변기에 붓고 1시간 정도 후에 물을 내리면 누렇게 찌든 때가 싹! 산성인 콜라가 염기성인 때를 녹여 흔적도 없이 사라지지.

미니퀴즈 궁금증 더하기

염산을 쏟으면 어떻게 해야 할까?

실수로 길거리에 염산을 쏟았어. 어떻게 해야 할까?

소변 찌꺼기, 물때 같은 염기성 때는 산으로!

살균은 산으로!

지방과 단백질 때는 지방과 단백질을 녹이는 염기로!

01 물을 뿌려 희석한다.

염산은 강한 산성 물질로 사람과 동식물에 해롭기 때문에 퍼지는 걸 빨리 막아야 해. 강한 산은 물을 뿌리면 희석돼. 쏟은 양이 많다면 소방차가 출동해야 할 수도 있어. 염산을 희석한다 해도 주변의 작은 동식물들이 해를 입는 것은 막을 수 없을 거야.

02 염기성 물질로 중화 반응을 시킨다.

실험실에서 황산이나 염산을 쏟으면 수산화 나트륨 같은 염기로 중화해서 버려. 실험실이 아니라면 쉽게 구할 수 있는 모래를 뿌리고, 베이킹 소다(탄산수소 나트륨) 같은 물질로 중화시키는 방법도 있어.

키노트

산과 염기가 만나면 산의 특징을 나타내는 수소 이온과 염기의 특징을 나타내는 수산화 이온이 물로 변해서 중성이 돼. 이 반응을 중화 반응이라고 하지. 수소 이온과 수산화 이온을 제외한 부분이 만든 물질은 염이라고 해.

모닥불을 빨리 피우고 싶어!

초6 **연소와 소화**
연소

오늘은 캠핑의 마지막 날!
캠프파이어를 하면서 친구들과 신나고
멋진 밤을 보내려고 해. 나뭇가지를 모아
불을 붙였지만, 불이 잘 붙지 않아.
종이에 불을 붙여 나뭇가지 안에 던져
넣기도 하고, 부채를 흔들어 바람을 살살
일으키기도 했지. 한참 동안 진땀을 빼고
씨름을 하다 겨우 불을 피웠어.
모닥불을 피우기가 왜 이리 힘든 걸까?

어휴, 모닥불을 피우기 힘들었지?

불은 피우기 까다롭지만, 한번 타오르면 잘 꺼지지 않아. 불은 오랫동안 다양한 곳에 이롭게 쓰여 왔어. 집을 따뜻하게 난방하고, 방 안을 환하게 밝히고, 맛있는 음식을 만들 수 있게 도와주지. 불은 우리에게 아주 중요한 존재야.

불은 모두 밝은 빛이 나고 뜨거워. 나무나 석유 같은 불에 잘 타는 물질이 공기 중의 산소와 빠르게 결합해서 열과 빛을 내며 타오르기 때문이야. 이런 현상을 **연소**라고 해. 어디선가 불이 난다면 연소가 되는 거야.

처음 인류는 어떻게 불을 피웠을까?

맨 처음에는 자연을 이용했지. 벼락을 맞아 불에 탄 나무를 잘 모아 두기도 하고, 부싯돌을 부딪치거나 나뭇가지를 비벼서 불을 피웠어. 놀랍지? 이렇게 불을 피울 수 있었던 건 특별한 3가지 연소 조건을 갖추었기 때문이야. 연소가 일어나는 3가지 조건이 무엇인지 알아보자. **첫 번째 조건**은 나뭇가지나 종이를 태워서 모닥불을 피운 것처럼 **탈 물질**이 있어야 연소가 돼. 아무것도 없는데 불이 타오르진 않아. 물질에 따라 잘 타는 물질도 있고, 타지 않는 물질도 있어. 그중에서 좀 더 잘 타는 물질을 우리 생활에서 연료로 사용해.

두 번째 조건으로 <u>알맞은 산소</u>가 필요해. 모닥불을 피울 때 왜 부채로 바람을 불어넣었을까? 불은 물질이 산소와 결합할 때 생기는 빛과 열이야. 탈 물질이 있어도 공기 중의 산소가 없다면 물질은 탈 수 없지. 그래서 부채로 산소를 계속 넣어 주었던 거야. 그렇다면 다음 유리병 3개 중에서 어느 병에 든 촛불이 가장 먼저 꺼질까?

뚜껑이 닫힌 작은 병에 든 촛불이 먼저 꺼져. 뚜껑이 열린 병은 산소가 계속 공급되어서 탈 물질인 양초가 없어질 때까지 계속 연소하지만, 뚜껑이 닫힌 병은 남은 산소의 양만큼만 양초가 타다가 꺼지게 돼. 뚜껑이 닫힌 큰 병은 뚜껑이 닫힌 작은 병보다 산소가 많지. 물질이 잘 연소하려면 산소가 계속 공급되어야 해.

세 번째 조건은 불이 붙을 수 있는 <u>높은 온도의 열</u>이 필요해. 처음 인류는 나뭇가지를 마구 비벼서 불을 만드는 지혜를 터득했어. 나뭇가지를 비비면 온도가 점점 높아지면서 불꽃이 일어나는 마찰열을 이용한 거지. 이처럼 불이 타기 시작할 때 온도를 발화점이라고 해. 연소가 되려면 발화점 이상으로 온도를 높여야 하는데, 물질은 발화점이 모두 달라.

이렇게 어떤 물질이 연소하려면 탈 물질, 산소, 발화점 이상의 열이라는 3가지 조건이 모두 있어야 해. 연소가 되었어도 이 중에 1가지만 없어지면 불은 금방 꺼져. 그래서 탈 물질, 산소, 발화점 이상의 열은 연소에서 매우 중요해.

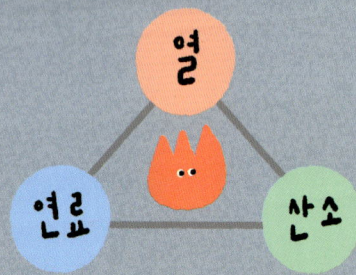

밤새 모닥불을 피우면 나뭇가지는 온데간데없고 재만 남아

어떻게 된 걸까? 나무, 양초, 석유 같은 물질은 대부분 탄소와 수소가 들어 있어. 그래서 타는 동안 산소와 결합해서 물과 이산화 탄소가 되어 공기 중으로 날아가고, 약간의 찌꺼기만 재가 되어 남아. 그런데 철과 같은 금속 물질은 탄소와 수소가 들어 있지 않아서 연소하면 고체인 금속 산화물이 되어 재로 남게 돼. 결국, 물질이 연소하고 나면 물질의 처음 모습은 사라지거나 재가 되어 남아.

키노트
연소는 물질이 공기 중의 산소와 빠르게 반응해서 열과 빛을 내면서 타오르는 현상이야. 어떤 물질이 연소하기 위해서는 '탈 물질, 산소, 발화점 이상의 열'이라는 3가지 요소가 필요해. 물질이 연소하면 물과 이산화 탄소가 되어 사라지거나 재만 남아.

미니퀴즈 궁금증 더하기

불꽃은 왜 항상 위쪽으로 피어오르는 걸까?

불꽃은 위쪽으로 피어올라. 넓적하게 옆으로 피어오르거나, 구름처럼 동글동글 피어오르거나, 분수 모양처럼 멋지게 피어오를 수는 없는 걸까?

그건 지구에 중력이 있기 때문이야. 지구 중력은 무거운 물체를 지구 중심으로 더 세게 잡아당기거든. 불꽃 밖의 공기는 중력이 아래로 잡아당기고, 연소가 되어 가벼워진 공기는 중력이 잡아당기는 힘이 약해져서 위로 올라가게 돼. 그래서 지구에서 불꽃은 항상 위로 피어오르는 모양이야.

불을 끄기 위해 불을 피운다고?

초6 연소와 소화

소화

어휴, 산에 불이 났어. 산불은 며칠째 꺼지지 않고 계속되었지. 처음에는 소방 헬리콥터로 물을 뿌렸는데 불길이 너무 세서 소용이 없었대. 매서운 산불을 어떻게 하면 좋을까? 소방관 아저씨는 어려운 결정을 내렸어. "어쩔 수 없다면 맞불을 놓아 불을 끌 수밖에!" 아니, 그게 가능한 일이야? 불을 끄기 위해 불을 피우다니! 혹시 더 큰불이라도 일어나면 어쩌지? 무서운걸.

"연소는 우리 셋이 모두 있어야만 일어나!"

"셋 중 하나만 없어도 소화 완료!"

연료
산소

불은 우리에게 고마운 존재이지만, 잘못 이용하면 모든 것을 불태우고 생명에 위협을 주는 아주 무서운 존재야. 작은 촛불은 후 하고 불어서 끄면 되지만, 이렇게 산불이 나면 불을 끄기가 만만치 않아. 어떻게 하면 불을 안전하게 끌 수 있을까? 불을 끄는 것을 **소화**라고 해. 소화는 연소의 3가지 조건 중에서 1가지만 없애도 일어나. 탈 물질을 없애거나, 산소 공급을 막거나, 온도를 발화점 아래로 낮추면 돼.

먼저 탈 물질을 없애서 불을 끄자

가스레인지 밸브를 잠그면 불이 꺼지는 것을 보았지? 탈 물질인 가스 연료를 차단한 거야. 산불이 난 경우에도 나무나 풀, 낙엽 같은 탈 물질을 제거해야 해. 땅을 파서 불길이 넘어오지 못하게 둑처럼 만든 산불 저지선도 탈 물질을 제거하는 방법이지. 그런데 산에 나무가 많고, 불이 너무 빨리 번지면 산불 저지선도 소용없어. 그래서 맞불을 놓는 어려운 결정을 한 거야. 맞불은 불이 타고 있는 곳의 맞은편 방향에 피우는 불이지. 산에 있는 탈 물질을 미리 태워서 더는 불이 번지지 못하게 막아. 하지만 바람이 부는 방향을 잘 보고 불을 놓아야 해. 잘못하면 더 큰불로 번질 수도 있는 위험한 방법이야!

"먹을 게 다 어디 갔지?"

"내가 벌써 다 먹었지!"

산소 공급을 막아서 불을 끄자

불은 산소가 있어야 타올라. 산소를 막으면 불도 꺼져. 알코올램프 불을 뚜껑을 닫아서 끄는 것도 산소가 공급되지 않게 하는 방법이지. 불이 났을 때, 재빨리 불이 붙은 곳을 옷이나 이불 같은 천으로 덮으면 쉽게 불을 끌 수 있어. 주변에 흙이나 모래가 있다면 마구 부어도 좋아. 흙과 모래도 산소가 있을 공간을 없애는 효과가 있거든. 불을 끄는 기구인 소화기도 비슷한 원리를 이용해. 소화기를 뿌리면 이산화 탄소와 여러 물질이 불이 난 곳을 덮어. 그러면 공기 중의 산소를 차단해 불이 꺼지게 돼.

"바닥에서 구르면 산소 공급을 더 효과적으로 차단하지!"

143

온도를 낮춰서 불을 끄자

불이 나면 대부분 물을 퍼부어서 화재를 진압해. 뜨거운 불에 닿은 물은 기체로 변하는 기화 현상이 일어나지. 이 과정에서 불은 열을 뺏겨 온도가 발화점 아래로 떨어져서 소화돼. 물에 적신 옷이나 이불을 불이 난 곳에 덮으면, 산소 공급을 차단하는 동시에 물이 온도도 낮추어 주니까 소화가 더 잘 되지. 하지만 기름이 있는 곳에는 물을 사용하면 안 돼. 기름이 물에 뜨는 것을 알고 있지? 이런 곳에 물을 뿌리면 물이 기름과 함께 여기저기로 흐르면서 소화는커녕 더 큰불로 번지고 말 거야.

한번 일어나면 끄기 힘든 불! 불은 안전하게 사용하는 게 중요해. 양초나 가스, 전기 기구 등은 주의해서 다루어야 하지. 그래도 화재는 발생할 수 있어. 만약 불이 나면 당황하지 말고 침착하게 대처해야 큰 피해가 생기지 않아. 안전하게 대처하는 방법을 알려 줄 테니 잘 기억해 둬.

알리고
01 먼저 큰 소리로 "불이야." 하고 주위에 알리고 비상벨을 눌러.
02 반드시 119에 화재 신고를 해.

조치하고
03 전기 스위치나 가스레인지 밸브 등을 잠가.
04 초기에 불을 끌 수 있는 상황이라면 주변에 있는 소화기나 물, 모래, 두꺼운 이불 같은 것으로 불을 꺼.

피한다
05 비상구를 통해 불이 난 곳을 피해. 승강기는 절대 타면 안 돼. 아래로 내려가기 힘든 상황이면 옥상이나 높은 곳으로 올라가 구조를 요청해. 물수건으로 코를 막고 몸을 낮추어서 이동해.

요즘에는 공공장소뿐만 아니라 집이나 차에도 소화기가 준비되어 있어.
만약 불이 난다면 재빠르게 소화기를 사용해서 큰 화재로 번지지 않게 막아야 해.
그러려면 소화기를 사용하는 방법 정도는 알고 있어야겠지?

키노트

불을 끄는 것을 소화라고 해. 소화는 탈 물질을 없애거나, 산소 공급을 막거나, 온도를 발화점 아래로 낮추는 방법 중에서 1가지만 해도 일어나.

미니퀴즈 궁금증 더하기

까다로운 불을 끄는 현명한 방법을 맞혀라!

불을 끄는 방법은 생각보다 좀 까다로워. 잘못하면 더 큰 위험에 빠질 수도 있어.
불이 난 이유나 불에 타는 물질을 잘 따져서 신중하게 소화 방법을 결정해 봐.

01
알코올램프 불은 촛불과 비슷하니까 입으로 훅~ 불어서 끌래!
YES or NO — **NO**

알코올램프는 기체 알코올이 많이 나와서 입김만으로는 제거할 수 없어. 게다가 연료가 다른 곳으로 날아가 불이 옮겨붙을 수 있어서 위험해. 반드시 뚜껑을 덮어서 꺼.

02
술에 불이 붙었네. 그렇다면 빨리 물을 끼얹어!
YES or NO — **YES**

술의 성분인 에탄올은 물과 잘 섞여서 온도를 내려가게 하므로 딱 좋아.

03
전기 기구를 많이 사용해서 불이 났어. 물을 뿌려서 불부터 끄자.
YES or NO — **NO**

감전 사고 조심! 물은 전기가 흐를 수 있기 때문에 사용하면 안 돼. 이때는 거품이 만들어지는 포말 소화기 대신 분말 소화기나 이산화 탄소 소화기를 써야 해.

물질의 상태는 고체, 액체, 기체뿐일까?

초3	물질의 상태
초6	여러 가지 기체
중1~3	물질의 특성

고체 상태인 얼음이 열을 받으면 녹아서 액체 상태인 물이 되고, 물에 계속 열을 가하면 끓어서 기체 상태인 수증기가 돼. 이처럼 물질에 열을 가하면 분자들이 활발하게 움직여서 고체 → 액체 → 기체로 상태 변화가 일어나지. 그런데 기체를 매우 높은 온도에서 계속 가열하면 어떤 일이 일어날까? 기체는 영원히 기체로 남을까? 아니면 고체, 액체, 기체가 아닌 제4의 물질 상태로 변할까?

일정한 모양과 부피를 갖는 고체, 잘 흐르며
담는 그릇에 따라 모양이 변하는 액체,
사방으로 잘 퍼지며 어떤 그릇도 가득 채울 수
있는 기체. 우리 주변의 물질은 대부분 고체, 액체,
기체 3가지 상태 중 하나야. 그리고 얼음이 녹아
물이 되고, 물이 끓어 수증기가 되듯이 물질의 상태는
온도에 따라서 변해. 온도에 따라서 물 분자의
배열과 거리가 달라지기 때문이지.

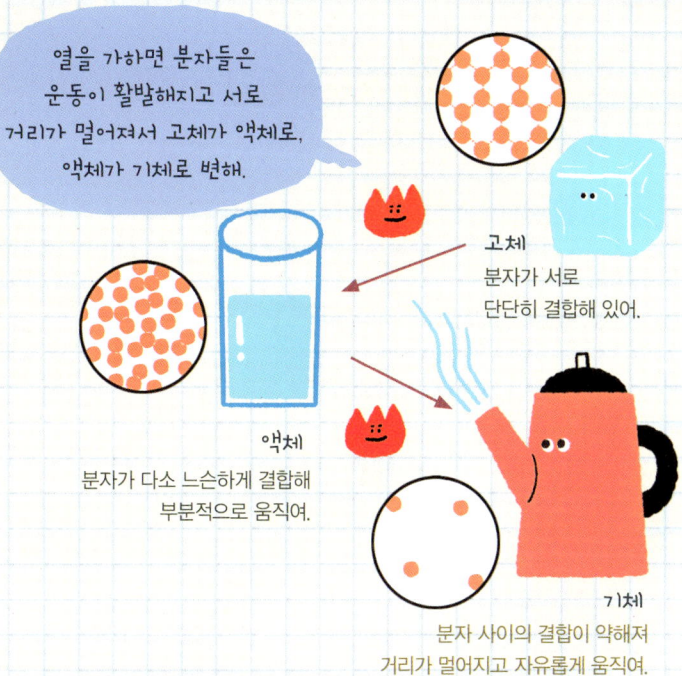

자, 이제 기체가 된 수증기를 계속 가열하면 어떻게 될까? 계속 수증기로 남아 있을까?
그렇지 않아. 높은 온도로 지속해서 가열하면 수증기를 이루는 물 분자가 수소 원자와
산소 원자로 분리돼. 여기에 열을 더 가하면 원자는 전자와 원자핵으로 분리되지. 원래
원자는 전기적으로 플러스(+)도 마이너스(−)도 아닌 중성 상태인데, 전자와 원자핵으로
분리되면 전자가 음전하를 띠므로 나머지는 양전하를 띠게 돼. 즉 고온에서 기체는
음전하를 가진 전자와 양전하를 띤 원자핵으로 분리되는데
이러한 물질의 상태를 **플라스마**라고 해.

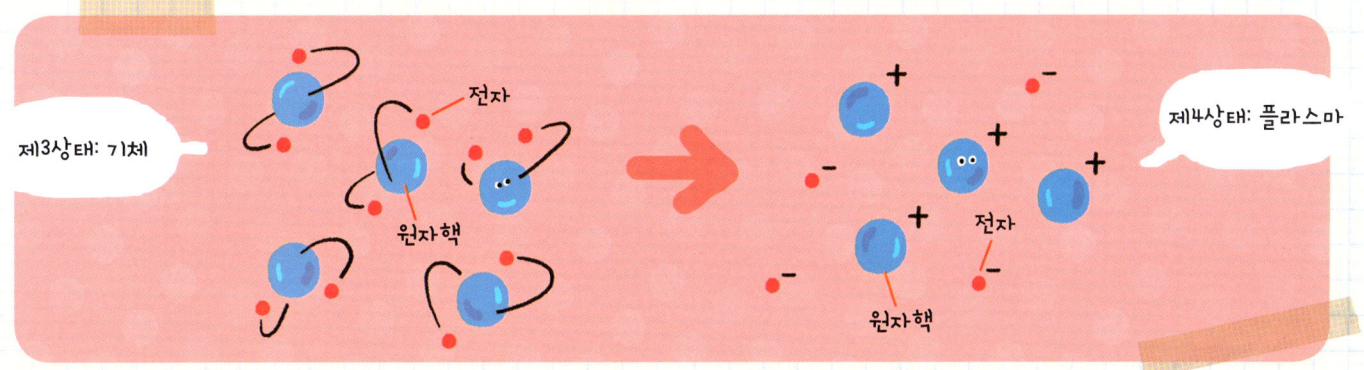

플라스마는 양전하를 띠는 원자핵 1개와 음전하를 띠는 전자 1개가
어떤 공간에 존재할 때와 같이 개개의 입자를 말하는 것이 아니야. 전하를 띠는 많은
입자가 서로 영향을 미치면서 전체가 함께 움직이는 물질의 상태, 즉 전하를 띠는 입자의
집단을 말해. 플라스마는 전체적으로는 음과 양의 전하수가 같아서 중성을 띠고 있어.

자유분방한 전하를 띠는 입자의 집단인 플라스마는 보통의 기체와는 달리 전기장을 가했을 때 전류가 흐르며 스스로 빛을 내는 특성이 있어. 입자들이 충돌하거나 자기장에 의해 가속화될 때도 빛을 내. 그래서 플라스마를 빛의 형태로 볼 수 있지. 번쩍하는 번개와 밤하늘을 아름답게 수놓는 북극 지방의 오로라는 자연에서 찾아볼 수 있는 대표적인 플라스마 상태야. 모두 플라스마가 나타내는 빛이지.

번개와 오로라가 같은 상태야!

플라스마는 지구에서 흔하지 않은 물질의 상태이지만, 우주에는 거의 모든 물질이 플라스마로 되어 있어. 매일 아침 떠오르는 태양, 밤하늘에 반짝이는 별 등 99%가 플라스마 상태야.

우주의 99%가 제4의 물질인 플라스마 상태야.

우주 전체로 보면 고체, 액체, 기체의 3가지 상태는 매우 특수한 상태야.

고체, 액체, 기체도 아닌 플라스마는 우리 생활에도 다양하게 사용되고 있어. 플라스마에 전기장을 가했을 때 전류가 흐르며 스스로 빛을 내는 특성을 이용하여 다양한 제품을 만들지. 플라스마는 형광등, 네온사인, PDP 텔레비전 등에 이용돼.

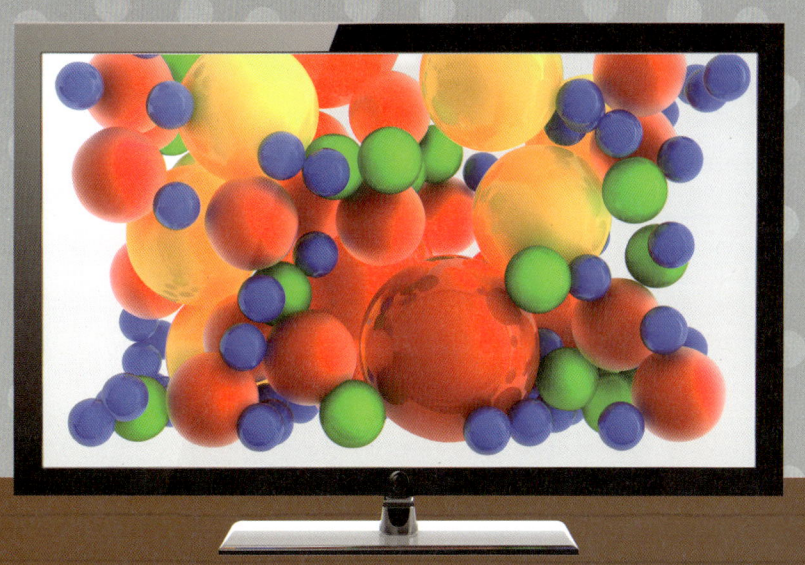

미니퀴즈 궁금증 더하기

제5의 물질 상태는 없을까?

물질에 열을 가하면 고체 → 액체 → 기체로 상태 변화가 일어나듯이, 물질이 열을 뺏기면 기체 → 액체 → 고체로 상태 변화가 일어나지. 물질은 매우 고온에서 플라스마 상태로 존재해. 그렇다면 매우 온도가 낮은 극저온에서는 물질이 고체 말고 다른 상태로 존재하지 않을까? 제5의 물질 상태로 말이야. 궁금하지? 궁금한 친구들은 각자 스스로 자료를 찾아보도록 하자. 노벨상 후보자가 될지도 몰라!

키노트: 기체에 매우 높은 온도를 지속해서 가하면 플라스마 상태가 돼. 플라스마는 전하를 띠는 입자의 집단이고, 전기장이나 자기장에 반응하여 빛을 내.

친절한 화학 용어 사전

물체 • 모양이 있고 공간을 차지하고 있는 물건.
물질 • 물체를 만드는 재료.
원소 • 물질을 이루는 기본적인 구성 성분.
홑원소 물질 • 한 가지 원소만으로 이루어진 물질.
화합물 • 두 종류 이상의 원소가 결합하여 이루어진 물질.
원자 • 물질을 이루는 가장 작은 알갱이.
분자 • 원자가 결합한 것으로 물질의 성질을 나타냄.
고체 • 형태가 있으면서 손으로 잡을 수 있음.
액체 • 흘러내리고 담는 그릇의 모양에 따라 모양이 변함.
기체 • 모양과 크기가 없지만, 사방으로 잘 퍼져 나감.
밀도 • 같은 부피만큼 물질의 질량을 재어서 더 무거운 정도를 비교하는 것.
용해 • 액체에 물질이 녹아 고르게 섞이는 현상.
용질 • 용액에 녹는 물질.
용매 • 용질을 녹이는 액체.
농도 • 용액 속에 용질이 녹아 있는 정도.
삼투 현상 • 농도가 서로 다른 두 용액이 있을 때, 농도가 낮은 쪽의 물이 농도가 높은 쪽으로 이동하는 현상.
혼합물 • 두 가지 이상의 물질이 섞여 만들어진 것.
순물질 • 한 가지 물질로만 이루어진 것.
균일 혼합물 • 혼합물을 이루는 물질들이 고르게 섞여 있어서 한 가지 물질처럼 보이는 것.
불균일 혼합물 • 혼합물을 이루는 물질들이 고르게 섞이지 않은 것.
화합물 • 두 가지 이상의 물질이 결합하여 전혀 다른 성질을 지닌 순물질이 된 것.
거름 • 알갱이의 크기가 다른 혼합물을 분리하는 방법.
추출 • 용매를 사용하여 원하는 성분을 분리하는 방법.

증류 • 끓는점의 차이를 이용하여 액체 혼합물에 있는 순수한 액체를 증발시킨 후 냉각하여 분리하는 방법.

분별 증류 • 끓는점의 차이가 크지 않은 액체 혼합물에서 끓는점이 낮은 물질부터 차례로 물질을 분리하는 방법.

크로마토그래피 • 성분 물질의 이동 속도의 차이를 이용하여 혼합물을 분리하는 방법.

상태 변화 • 물질의 상태가 변화하는 것.

융해 • 고체가 녹아 액체로 되는 것.

응고 • 액체가 고체로 굳는 것.

기화 • 액체가 기체로 되는 것.

액화 • 기체가 액체로 되는 것.

승화 • 고체가 기체로, 기체가 고체로 되는 것.

녹는점 • 고체가 녹아 액체로 변하는 온도.

끓는점 • 액체가 끓어 기체로 변하는 온도.

증발 • 액체 표면에서 기체로 상태 변화하여 공기 중으로 날아가는 현상.

끓음 • 액체를 가열할 때 액체 내부와 표면에서 액체가 기체로 변하는 현상.

응결 • 수증기가 냉각되어 물방울이 되는 현상.

어는점 • 액체가 얼어 고체로 변하는 온도.

샤를의 법칙 • 일정한 압력에서 온도가 높으면 기체의 부피가 늘어나고, 온도가 낮으면 기체의 부피가 줄어드는 현상.

보일의 법칙 • 일정한 온도에서 기체의 압력과 부피가 서로 반비례하는 현상.

산 • 물에 녹았을 때 이온화하여 수소 이온을 만드는 물질.

염기 • 물에 녹았을 때 이온화하여 수산화 이온을 만드는 물질.

지시약 • 산성 또는 염기성 용액과 만나면 서로 다른 색깔로 변해서 용액이 산성인지 염기성인지 알려 주는 물질.

중화 반응 • 산과 염기가 반응하여 염과 물이 생기는 일.

연소 • 불에 잘 타는 물질이 공기 중 산소와 빠르게 결합해서 열과 빛을 내며 타오르는 현상.

소화 • 불을 끄는 것.

플라스마 • 초고온에서 기체가 음전하를 가진 전자와 양전하를 띤 원자핵으로 분리된 물질의 상태.